Band 2
**Der Schatz des Trollkönigs**
Ein Abenteuer in Schweden
Der Schatz des Trollkönigs
AF548569
Europa
Asien
Australien
B-OB
Nie
Waschen
Ohne
Seife
arktis

Für

# Maya, Ella & Finn

## Wir wollen, dass die Welt schön bleibt.

### Waldneutral

Wir sorgen dafür, dass mehr Bäume gepflanzt werden, als wir für unsere Bücher verbrauchen.

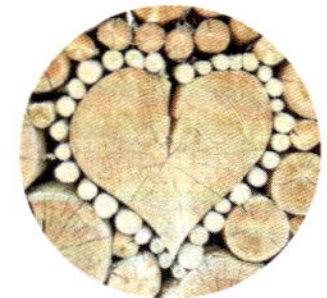

### FSC® Siegel

Wir drucken auf FSC® Papier, das aus verantwortungsvoller Waldwirtschaft stammt.

### Klimaneutral

Wir drucken in Deutschland und kompensieren den CO2 Ausstoß durch Klimaschutzprojekte.

### Plastikverzicht

Wir achten auf Müllvermeidung und verzichten auf Plastikfolie als Verpackung der Bücher.

**Weitere Informationen zum Thema *Nachhaltigkeit* findest du auf unserer Homepage: www.weltenbummlerkids.de**

B-OB Coddiwomple und die Weltenbummler Kids (Band 5)
„Die Suche nach den Großen Fünf"
- Ein Abenteuer in Botswana -
Autor: Benjamin Wallenborn / Illustrator: Filip Lazurowicz
ISBN: 978-3-98598-005-5

1. Auflage: November 2022

Lektorat und Korrektorat: Nina Downer, Peter Wallenborn, Ursula Bosak.
Druck und Bindung: Grafisches Centrum Cuno GmbH & Co. KG, Calbe
Bilder von Pixabay und privat aufgenommen.

und die

# Weltenbummler Kids

to coddiwomple

*[ko-di-womm-pell]*

(v.) to travel in a purposeful manner towards a vague destination

„Das entschlossene Reisen zu einem noch unbekannten Ziel."

(Frei übersetzt aus dem neuseeländischen Englisch.)

# Inhalt

# Unsere Weltenbummler

## B-OB Coddiwomple

(gesprochen *Bob Koddiwommpel*)

B-OB ist alt... so richtig alt... Und B-OB war schon überall. Er hat die ganze Welt gesehen und dabei, egal wo er war, neue Freunde gefunden. B-OB ist die Ruhe selbst und hat guten Rat für jeden, der ihn hören möchte.

Er ist auf jeden Fall kein gewöhnliches Wohnmobil, sondern hat einige Tricks auf Lager. Ob in der Luft, zu Wasser oder in den Bergen, B-OB kommt mit seiner Spezialausrüstung überall zurecht.

## Line

Line möchte sein, wie sie ist: spontan und abenteuerlustig. Sie will raus in die Welt und Neues entdecken! Wenn sie mal nicht unterwegs ist, sitzt sie vor ihrer Weltkarte und plant schon die nächste Reise.

Die beste Laune hat Line, wenn sie etwas erleben kann. Wenn sie ihre Eltern und Freunde mit ihrer Rastlosigkeit in den Wahnsinn treibt, ist das nicht so wild, weil Line am Ende ihren Dickkopf mit einer großen Portion Charme eh durchsetzt.

## Benni

Benni hatte seine Nase schon immer tief in Büchern stecken. Für ihn besteht die ganze Welt aus wissenswerten Dingen und spannenden Geschichten.

Weil Benni gerne sitzt und liest, ist er nicht immer der Erste, der sich in ein Abenteuer stürzt. Trotzdem ist er niemand, der sich hinter seinen Büchern versteckt, sondern ist schlagfertig und weltoffen. Sein Wissensdrang treibt ihn hinaus, um das Gelesene in der Realität kennenzulernen.

Die Geschichte, wie sich Line, Benni und B-OB kennengelernt haben, kannst du in Band 1 nachlesen oder dir gratis unter www.weltenbummlerkids.de/downloads herunterladen.

## Das große Ausmisten

„Was soll das denn sein? Hm, Benni, schreib mal auf die Liste: Ein Glas voller Steine." Benni folgte Lines Anweisungen und schrieb gewissenhaft auf: „Ein Glas voller Steine."

B-OB rief: „He, Moment mal! Das sind doch nicht einfach irgendwelche Steine. Das ist Mondgestein! Das hat mir mein alter Kumpel Neil damals mitgebracht." Benni fragte verdutzt: „Dein alter Kumpel Neil? Du meinst doch nicht etwa Neil Armstrong, den ersten Menschen auf dem Mond?"

B-OB lachte: „Na klar doch. Wer sollte mir denn sonst Mondgestein mitgebracht haben? Leider konnte er mich damals nicht mitnehmen, weil ich auf Expedition in der Antarktis war, aber er war so lieb und hat mir dieses kleine Andenken geschenkt."

Noch während Line und Benni sehr beeindruckt aus der Wäsche schauten, sprach B-OB weiter: „Es ist übrigens furchtbar nett von euch, mir beim Aufräumen zu helfen. Ich habe schon seit Jahren nicht mehr so richtig ausgemistet." Benni lächelte und antwortete: „Das machen wir doch gerne. Wir haben ja schon fast wieder alles eingeräumt. Mit all deinem Gepäck könnten wir das interessanteste Museum der Welt aufmachen."

Er studierte die Liste, die er führte, und zählte auf: „Eine alte Gitarre, die Elvis Presley dir geschenkt hat, weil du ihm Gratisunterricht gegeben hast. Ein Friedensnobelpreis, der dir verliehen wurde, aber du weißt nicht mehr, wofür. Ein blauer Diamant, den du aus dem Wrack der Titanic geborgen hast. Eine alte Truhe, die wir unter keinen Umständen öffnen dürfen, und noch so viel mehr, sodass ich langsam ein Lexikon brauche, um zu verstehen, was hier alles herumliegt."

Line trug eine riesige Trommel aus B-OBs Kabine und sagte: „Na, wenigstens hierbei kann ich genau sagen: Das ist eine Trommel!“ Sie stellte das staubige Instrument auf den Boden und schlug mit den Händen ein paar Takte. B-OB lachte: „Da hast du recht. Das ist einfach eine Trommel. Und zwar aus dem wunderschönen *Botswana*…“ Line unterbrach das weltreisende Wohnmobil: „Botswana? Das klingt schön! Wo liegt denn Botswana?“

B-OB lachte und sagte: „Botswana ist ein Land im Süden Afrikas. Es hieß damals noch Bechuanaland. Ich hatte großes Glück und konnte die wilden Tiere noch sehen, bevor es so viele Straßen gab. Das war vielleicht ein Abenteuer.“

Line wurde hellhörig. Sie rief: „Wilde Tiere? Abenteuer? Afrika? Da waren wir doch noch nicht. Wann fliegen wir denn los? Meinen Abenteuerrucksack habe ich schon hier stehen.“

Benni unterbrach Line: „Moment, Moment! Ich würde ja auch gerne nach Afrika, aber ist Botswana denn überhaupt eine Reise wert? Tiere können wir doch sicher auch woanders sehen!“

B-OB schaute in die Ferne und sagte: „Hach, Botswana…

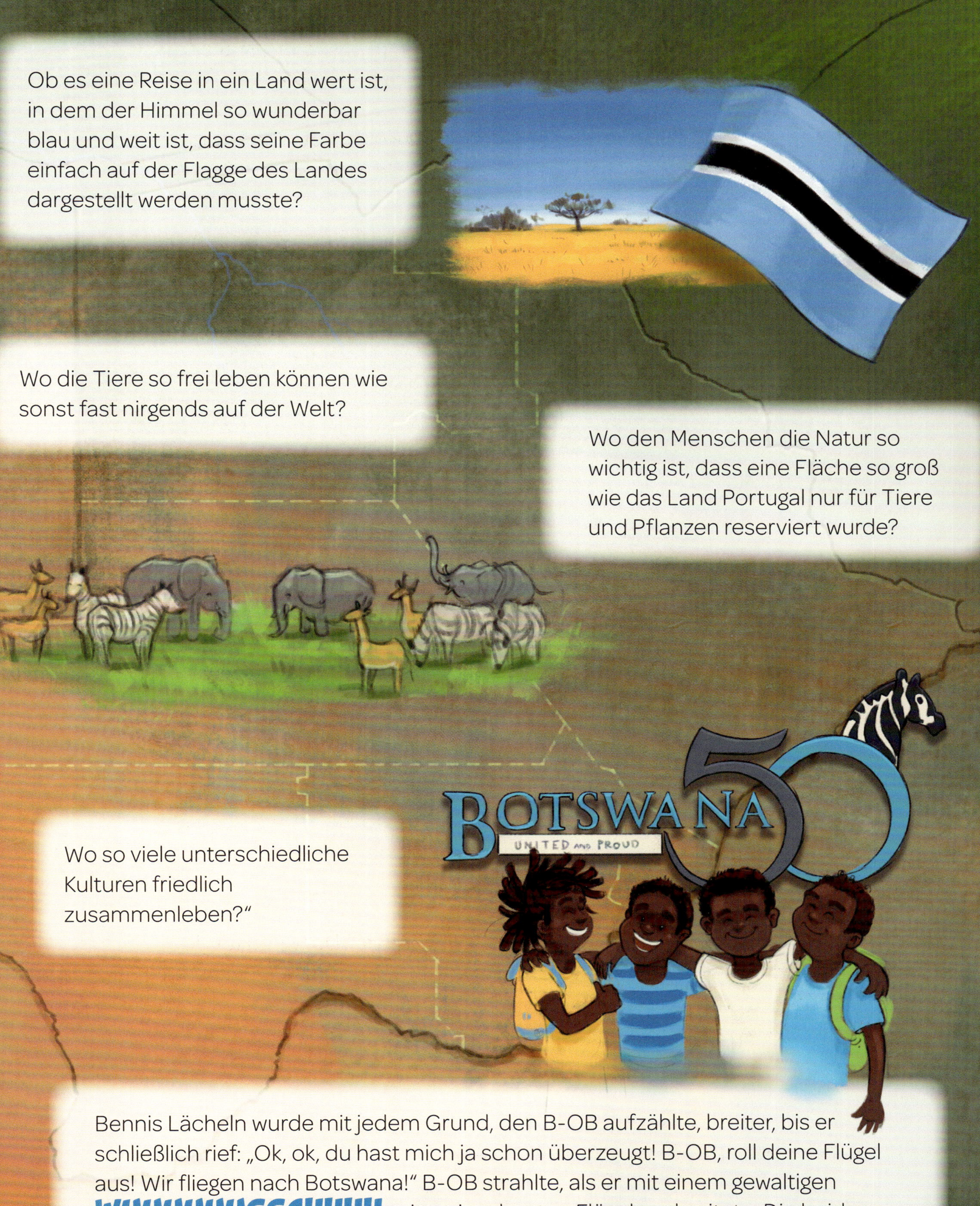


Ob es eine Reise in ein Land wert ist, in dem der Himmel so wunderbar blau und weit ist, dass seine Farbe einfach auf der Flagge des Landes dargestellt werden musste?

Wo die Tiere so frei leben können wie sonst fast nirgends auf der Welt?

Wo den Menschen die Natur so wichtig ist, dass eine Fläche so groß wie das Land Portugal nur für Tiere und Pflanzen reserviert wurde?

Wo so viele unterschiedliche Kulturen friedlich zusammenleben?“

Bennis Lächeln wurde mit jedem Grund, den B-OB aufzählte, breiter, bis er schließlich rief: „Ok, ok, du hast mich ja schon überzeugt! B-OB, roll deine Flügel aus! Wir fliegen nach Botswana!“ B-OB strahlte, als er mit einem gewaltigen **WUUUUUUSSCHHHH** seine eingebauten Flügel ausbreitete. Die beiden Freunde hüpften an Bord und schon begann die lange Reise ins südliche Afrika.

## Alles anders

B-OB segelte hoch über den Wolken nach Süden in Richtung Botswana. Die Kinder schauten fasziniert aus dem Fenster, als B-OB ihnen zurief: „Das wird vermutlich der abwechslungsreichste Flug, den ihr bisher erlebt habt. Erst fliegen wir über die Schweiz und Italien zum Mittelmeer. Das ist das Meer, das Europa von Afrika trennt.

Dann überfliegen wir Nordafrika und die Sahara, die größte Wüste der Welt. Zu guter Letzt überqueren wir beinahe den ganzen Kontinent, die Urwälder des Kongo und Sambias, bis wir endlich Botswana erreichen."

B-OB behielt recht. Line und Benni kamen während des gesamten Flugs nicht aus dem Staunen heraus. Sie schwitzten in der Sonne der heißen Wüste, hielten Ausschau nach den Gorillas im Kongo und staunten, als sie die ersten Elefantenherden weit unter sich entdeckten.

B-OB sagte: „Bitte festhalten. Wir landen gleich in *Gaborone*, der Hauptstadt von Botswana." Noch während er redete, stellte er die Propeller waagerecht und landete sanft inmitten einer für Line und Benni völlig neuen Welt.

Um sie herum wuselte ein Leben, wie Line und Benni es noch nie erlebt hatten. Menschen liefen kreuz und quer über Straßen voller Autos, Busse und Karren. Mit Passagieren überladene Minibusse fuhren an ihnen vorbei. An kleinen, selbstgebauten Ständen verkauften Händler und Händlerinnen Süßigkeiten, hausgemachtes Essen und Getränke.

Benni sagte überrascht zu B-OB: „Das ist ja hier ganz anders als bei uns in Deutschland!" Er zeigte auf den Stand eines besonders geschäftstüchtigen Mannes, der am Straßenrand einen Friseurstand aufgebaut hatte. Um seinen Kunden die Wartezeit zu verkürzen, hatte er einen Billardtisch auf den Bürgersteig gestellt, an dem mehrere Männer gemütlich spielten.

Benni fragte: „Darf der das überhaupt? So etwas habe ich ja noch nie gesehen!“
B-OB lachte: „Na, wir sind halt nicht mehr in Deutschland. Hier ist nicht alles so geregelt wie bei uns.

Kommt, wir fahren ein wenig durch Gaborone. Es ist nicht unbedingt die aufregendste Stadt der Welt, aber die Leute sind unglaublich nett. Es gibt ein paar Sehenswürdigkeiten, die ich euch gerne zeigen möchte, bevor wir durch das Land reisen.“

B-OB manövrierte durch die wuseligen Straßen der Hauptstadt, als Line plötzlich aus dem Fenster zeigte und rief: „Was sind denn das da für drei Riesen?“

Vor ihnen standen drei gigantische Statuen aus Bronze. B-OB erklärte den Kindern: „Wir sind hier am Denkmal der drei *Kgosi*. Das bedeutet „König" auf Setswana, der meistgesprochenen Sprache in Botswana.* Diese drei Männer haben eine wichtige Rolle in der Geschichte des Landes gespielt."

Noch während B-OB versuchte, Line und Benni mehr über das riesige Denkmal zu erzählen, unterbrach sie eine laute Stimme: „Müsst ihr euch denn immer in die Angelegenheiten von Erwachsenen einmischen?! Versteht ihr denn nicht, dass ihr viel zu jung seid, als dass ihr zu offiziellen Polizeiuntersuchungen etwas Sinnvolles beitragen könntet?"

Neben der Statue der drei Könige standen ein Mädchen und ein Junge etwa im gleichen Alter wie Line und Benni vor zwei streng aussehenden Polizistinnen. Eine schimpfte weiter auf die beiden ein: „Zum letzten Mal: Wenn ich euch nochmal an einem Tatort erwische, kommt ihr nicht mehr so glimpflich davon!"

Die beiden zurechtgewiesenen Kinder standen mit hängenden Köpfen vor der großen Polizistin und sagten: „Natürlich *Mma*, *intshwarele*!** Es wird nicht wieder vorkommen. Nur die Polizei ist dafür da, Verbrechen aufzuklären, Mma." Die Kinder verabschiedeten sich respektvoll von den beiden Polizistinnen und schlichen an unseren Freunden vorbei.

* **Kgosi** (gesprochen ‚Chosi' mit *ch* wie in *‚Ach'*)

** **Mma** (gesprochen ‚Mah') bedeutet auf Setswana so viel wie ‚Meine Dame'.
Zu einem Mann sagt man Rra ( gesprochen ‚Rah'). Das bedeutet in etwa ‚Mein Herr'.
**Intshwarele** bedeutet auf Setswana so viel wie ‚Entschuldigung' oder ‚Es tut mir leid'.

Line sprach die Kinder an: „He, ihr! Was habt ihr denn angestellt, dass ihr so einen Ärger bekommen habt? Habt ihr etwa was verbrochen?"
Das fremde Mädchen sah verärgert auf und sagte: „Etwas verbrochen? Wir? Niemals! Mein Name ist Bonty und das ist Thobo. Wir nennen uns ‚Die Cleveren Zwei'. Wir sind die besten Kinderdetektive von Botswana! Wir würden nie ein Verbrechen begehen. Wir sind da, um sie aufzuklären und zu verhindern!"

Benni mischte sich in das Gespräch ein: „Aber wenn ihr so gute Detektive seid, warum hat euch dann die Polizei so gemein verjagt?" Der Junge namens Thobo seufzte und sagte: „Na, weil wir Kinder sind und uns Erwachsene deshalb nicht ernst nehmen. Besonders die Polizei. Dabei könnte gerade die unsere Hilfe gebrauchen. Wir haben schon häufig Fälle geknackt, aber keiner will auf uns hören. Dann, einige Wochen später, wenn die Erwachsenen den Fall endlich auch gelöst haben, können wir in der Zeitung nachlesen, dass wir recht hatten."

B-OB lächelte die Kinder aufmunternd an und sagte: „Aber das ist doch bekloppt. Es ist völlig egal, wie alt jemand ist, Hauptsache, die Person hat etwas beizutragen. Übrigens, ich bin B-OB und das hier sind meine beiden Freunde Line und Benni."

Bonty wollte gerade antworten, als plötzlich das Funkgerät des Polizeiwagens laut knackte. Eine wichtige Mitteilung ging über den Polizeifunk ein: „Achtung, Achtung! An alle verfügbaren Einheiten!", rauschte es aus dem Funkgerät. „Sondereinsatz im *Mokolodi*-Wildreservat! Wir haben einen Code 43!"

Die beiden Polizistinnen sprangen aufgeschreckt in ihren Einsatzwagen und fuhren mit quietschenden Reifen davon. Aufgeregt fragte Line: „Was ist denn da los? Das klang spannend! Was ist denn das Mokolodi-Wildreservat? Und was ist ein Code 43?!?"

Bonty sagte: „Das Mokolodi-Wildreservat ist ein kleines Gebiet gleich außerhalb von Gaborone. Dort können die Einwohner der Stadt die schönen Tiere in freier Wildbahn erleben und müssen dafür nicht quer durch das ganze Land reisen. Und Code 43 bedeutet, dass Wildtiere als vermisst gemeldet wurden. Meistens geschieht das, wenn Wilderer oder Tierdiebe die Hände im Spiel haben."

Thobo ergänzte geknickt: „Vielleicht könnten wir ja sogar helfen, aber das Mokolodi-Wildreservat ist zu weit außerhalb für uns. Da kommen wir nie hin."

# Der Pilot

B-OB schien die Aufregung nicht zu verstehen. Er sagte: „Aber wieso denn nicht? Das klingt doch nach einem spannenden Fall. An Bord mit euch, dann schauen wir uns die Sache mal genauer an." Bonty und Thobo konnten ihr Glück kaum fassen und auch Line und Benni freuten sich auf die Gelegenheit, ein neues Abenteuer zu erleben. Die vier Kinder sprangen an Bord und B-OB rollte in die Richtung, in die der Polizeiwagen verschwunden war.

Auf der Fahrt erzählten Bonty und Thobo den drei Freunden von dem Naturschutzgebiet. Thobo sagte: „Mokolodi ist eines der jüngsten Reservate von Botswana. Dort kann man Zebras, Giraffen und viele andere Tiere in freier Wildbahn erleben. Außerdem werden hier Tierbabys, die ihre Eltern verloren haben, auf das Leben in Freiheit vorbereitet."

Line unterbrach Thobo: „Tierbabys, die ihre Eltern verloren haben? Du hast vorhin schon von Tierdieben und Wilderern gesprochen. Was bedeutet das denn eigentlich genau?"

Bonty erklärte: „In Botswana ist das unerlaubte Jagen und Fangen wilder Tiere streng verboten. Aber leider gibt es auf der ganzen Welt Menschen, die viel Geld zahlen für das Horn eines Nashorns oder für Elfenbein - das sind die Stoßzähne der Elefanten. Darum gibt es Leute, die trotzdem Tiere jagen. Sie werden Wilderer genannt. Außerdem gibt es Tierdiebe, die die prächtigsten wilden Tiere fangen und an private Zoos verkaufen."

Line und Benni waren außer sich. Line sagte: „Das ist ja das Gemeinste, was ich je gehört habe! Wenn ich so jemanden erwische, der kann sich auf was gefasst machen!"

Nach einiger Zeit rollte B-OB auf einen staubigen Parkplatz. Links von den Freunden stand eine Auffangstation für Reptilien, rechts von ihnen ein Restaurant mit einem wunderschönen Blick auf ein Wasserloch. Line und Benni staunten über die vielen Impalas und Warzenschweine, die sich dort tummelten. Schnell entdeckten die Freunde eine Menge Polizeiautos am Eingang des Mokolodi-Reservates. Neugierige Touristen und Anwohner drängten sich um die Polizisten und Park-Ranger.*

Die Freunde hatten keine Chance, sich durch das Gedränge zu zwängen, um zu erfahren, was hier vor sich ging. Thobo wollte gerade vorschlagen, auf einen Baum zu klettern, als sich neben ihnen jemand räusperte.

Es war ein älterer Herr in Khaki-Shorts und einem passenden Hemd. Um den Hals trug er ein rotes Tuch und unter der Nase einen bleistiftdünnen Schnurrbart. Er sagte: „Wie tragisch. Das ist nun schon das dritte Mal und die Polizei hat noch nicht einen einzigen Hinweis gefunden. Ts, ts, ts."

Der Mann zeigte auf das Polizeiaufgebot und fuhr fort: „Dieser ganze Zirkus wird veranstaltet, weil anscheinend eine Herde Zebras gestohlen wurde. Vielleicht erinnert ihr euch ja an den preisgekrönten Dokumentarfilm über Zebras mit dem Titel ‚Zebras – Mehr als nur gestreifte Pferde'. Die verschwundenen Tiere waren die Stars des Films. Niemand kann sich erklären, wie die Herde unbemerkt geklaut werden konnte."

*** Ranger** (gesprochen ‚Reindscha') sind die Aufseherinnen und Aufseher in Nationalparks.

B-OB fragte den Herrn: „Sie scheinen sich ja bestens auszukennen. Wohnen Sie hier in der Nähe?“

Der ältere Herr lächelte: „Nun, sagen wir so: Ich bin vernarrt in Botswana. Seit meiner Kindheit habe ich hier viel Zeit verbracht. Ich liebe die Menschen, die Natur und vor allem die Tiere. Ich kann mich an ihnen gar nicht sattsehen.

Ihr müsst wissen, ich bin Buschpilot. Ich transportiere alles Nötige in die entlegensten Gebiete. Übrigens, mein Name ist Sir Alexander Cunningham.* Nennt mich gerne Sir Alex. Es freut mich, eure Bekanntschaft zu machen.“

Nachdem die Freunde sich der Reihe nach vorgestellt hatten, sagte Sir Alex: „Nun denn, so gerne ich herausfinden würde, was hier noch geschieht, ich habe leider eine dringende Lieferung zu fliegen. Wenn ihr mich entschuldigen würdet.“

Nachdem sich die Freunde von dem etwas ungewöhnlichen Piloten verabschiedet hatten, sagte B-OB: „Das ist ja schrecklich. Ich hoffe wirklich, dass dieser Fall schnell gelöst werden kann. Die armen Zebras....“

Bonty schlug sich mit der Faust in die Hand und rief: „Wenn das mal nicht ein Fall für die Cleveren Zwei ist! Thobo, ich sage dir, wir finden heraus, was mit all diesen Tieren passiert ist. Dann wird uns keiner mehr für zu klein halten oder uns ausschimpfen, weil wir Kinder sind!“

* **Sir Alexander Cunningham** (gesprochen ‚Söa Äläxända Kanninghäm‘. Nennt ihn gerne Söa Äläx.)

## Die Großen Fünf

Auf einmal hielt Thobo den Atem an und flüsterte: „Da sind die Großen Fünf! Was machen die denn hier? Das kann nichts Gutes bedeuten!“ Line flüsterte: „Die Großen Fünf? Wer soll denn das sein? Und warum flüstern wir überhaupt?“

Thobo sprach leise weiter: „Die Großen Fünf ist die gemeinste Ganovenbande des Landes. Wann immer in Botswana ein großes Verbrechen begangen wird, haben sie ihre Hände im Spiel.“ Benni runzelte die Stirn: „Aber wenn sie an jedem Verbrechen beteiligt sind, warum sind sie dann noch auf freiem Fuß? Müsste die Polizei sie nicht längst hinter Schloss und Riegel gebracht haben?“

Bonty antwortete ihm: „Bisher konnte ihnen niemand je etwas nachweisen. Sie sind zu geschickt. Sie nennen sich die Großen Fünf nach den fünf Tieren, die am gefährlichsten zu jagen sind: der Löwe, der Elefant, das Nashorn, der Leopard und der Büffel.“

Bonty fuhr fort: „Schaut sie euch nur an. Das da ist ihr Anführer Setshaba Modise, der Löwe – der König der Verbrecher!“ Sie zeigte auf einen muskulösen Mann. Er trug eine olivgrüne Weste und seine Haare hingen wie eine Mähne über seine Schultern. „Jeder Gauner im Land wäre gerne in seiner Bande. Er macht die Pläne und seine Gefolgsleute führen sie bis zur Perfektion aus.“

Thobo zeigte auf eine gigantische Frau. Sie stand mit dem Rücken zur Sonne und war so groß, dass sie ihre Freunde in den Schatten stellte. „Die Riesin, die einen Kopf größer und zwei Schultern breiter als alle anderen ist, heißt Bontle Botlhe. Sie ist die Elefantin der Großen Fünf. Elefanten sind allerdings nicht nur stark, sondern auch sehr schlau. Daher ist sie Setshabas rechte Hand.“

Line fragte: „Und wer sind die beiden Grobiane da?“ Sie zeigte auf zwei übellaunig aussehende Männer. Sie waren zwar nicht so groß wie die Elefantin, aber sie waren mindestens so muskulös und machten den Größenunterschied durch grimmige Blicke wett.

Bonty antwortete: „Das sind Rotlhe Gopolang, das Nashorn, und Moabi Tuelo, der Büffel. Sie sind so stark, wie sie dumm sind und die Männer fürs Grobe.“ Benni machte große Augen und sagte: „Mit denen ist bestimmt nicht zu spaßen! Und wer ist denn die Frau, die da im Schatten umherschleicht?“

Vor einem großen Baum stand eine schlanke Frau mit blonden Haaren. Bis auf ihre Silhouette war sie kaum erkennbar. Nur ihre Augen funkelten aus dem Schatten hervor.

Thobo und Bonty schüttelten sich. Thobo erklärte: „Das ist die geheimnisvolle Mafoi Thebo, die Leopardin. Nur wenig ist über sie bekannt. Sie wird von Setshaba auf besonders wichtige Aufträge angesetzt. Es heißt, dass sie ihr Ziel immer erreicht."

Line grübelte laut vor sich hin: „Ich wette, diese Verbrecher haben die Zebras gestohlen. Schaut mal, sie stehen recht nah an dem großen Busch. Wir könnten uns leise anschleichen und sie belauschen. Vielleicht finden wir ja so heraus, was sie im Schilde führen." Bonty und Thobo waren begeistert. Um nicht aufzufallen, schlichen nur Line und Thobo so nahe an die Verbrecherbande heran, dass sie jedes Wort verstehen konnten.

Sie hörten, wie Setshaba Modise, der Löwe, mit seinen Leuten sprach: „... morgen früh fährt Rotlhe nach *Serowe*. Danach arbeitet jeder von uns seinen Teil der Mission ab. Bevor die Woche um ist, ist der Auftrag erledigt." Die anderen Ganoven nickten zustimmend. Das Gespräch schien beendet zu sein.

Thobo und Line wollten gerade leise zurück zu ihren Freunden robben, als sich eiskalte Hände mit langen Fingernägeln um ihre Kragen schlossen.

Eine Frauenstimme flüsterte bedrohlich: „Na, was ist mir denn hier für eine süße Beute unter die Krallen geraten? Sind hier zwei kleine Kinder vielleicht neugieriger, als gut für sie ist?“ Die Frau schubste die beiden Freunde aus dem Gebüsch heraus. Als sie sich umdrehten, erkannten sie Mafoi Thebo, die Leopardin der Großen Fünf. Sie hatte die Kinder auf frischer Tat ertappt.

B-OB, Bonty und Benni eilten zu Line und Thobo und standen ihnen bei, als Setshaba anfing zu sprechen: „Was treibt ihr euch denn so im Gebüsch rum? Hat der Kindergarten etwa Ausflugstag?“ Er schaute von oben herab auf B-OB und die Kinder. Dann fuhr er fort: „So, und jetzt schert euch davon. Genug Verstecken gespielt für heute.“

Aus Bonty platzte es heraus: „Ihr seid doch gemeine Verbrecher! Wir wissen genau, dass ihr die Zebraherde gestohlen habt! Wir sind die besten Kinderdetektive Botswanas und wir werden euch das Handwerk legen, so wahr man uns die Cleveren Zwei nennt!“

Die Großen Fünf schauten Bonty verdutzt an. Dann fingen sie schallend an zu lachen. Setshaba, der Löwe, grinste und zeigte auf die fünf Freunde. Dann sagte er: „Die Cleveren Zwei? Ich sehe hier aber vier Kinder, die Detektiv spielen, und eine klapprige alte Kiste. Macht zusammen fünf. Wie könnten wir euch denn da nennen? Die „Großen Fünf“ sind natürlich durch unsere Wenigkeiten schon vergeben.“

Die gigantische Bontle Botlhe warf mit ihrer tiefen Stimme ein: „Wie wäre es denn mit die „Hässlichen Fünf“? Soweit ich weiß, ist dieser Name noch nicht vergeben.“ Wieder lachte die Bande hämisch. Setshaba lächelte mit und sagte dann: „Nun, das war eine lustige kleine Ablenkung, aber nun müssen wir uns wieder wichtigen Dingen widmen. Ihr solltet jetzt besser nach Hause gehen. Eure Eltern machen sich sicher schon Sorgen um euch.“ Mit diesen Worten drehte er sich um und ging, gefolgt von seiner Bande, davon.

Line war außer sich vor Wut. „Die Hässlichen Fünf?!?“, rief sie. „Das ist doch eine riesige Gemeinheit. Wer kommt denn auf so eine fiese Idee?“ Thobo erklärte ihr: „Weißt du, die Hässlichen Fünf gibt es wirklich. Es sind auch fünf Tiere, die man hier im südlichen Afrika findet, nur eben nicht die schönsten.“ Er zählte auf: „Es sind die Hyäne, das Gnu, der Marabu-Storch, das Warzenschwein und der Geier.“

Bonty schüttelte sich vor Ärger. Dann sagte sie: „Das ist so gemein. Wieder so Erwachsene, die uns Kinder nicht ernst nehmen. Jetzt will ich diesen Banditen erst recht das Handwerk legen.“ Thobo meldete sich zu Wort: „Ich möchte auch wirklich gerne ernst genommen werden, aber sind die Großen Fünf nicht eine Nummer zu groß für uns? Vielleicht sollten wir diesen Fall lieber der Polizei überlassen und uns auf kleinere Verbrechen in Gaborone konzentrieren.“ Bonty blieb hart. Sie sagte: „Auf keinen Fall. Ich bin mir sicher, dass wir den Fall lösen können.“ Line ergänzte: „Und außerdem müssen so fiese Typen doch endlich hinter Gitter. Wenn wir zusammenarbeiten, schaffen wir es bestimmt, die verschwundenen Tiere zu finden und gleichzeitig die Großen Fünf zu fangen.“

Thobo musste nicht lange überlegen: „Wisst ihr, ihr habt recht. Wir haben schon immer davon geträumt, Wilderer zu fangen und den Erwachsenen zu beweisen, dass es sich lohnt, uns ernst zu nehmen. Jetzt haben wir die perfekte Gelegenheit dazu. Bevor uns die Leopardin erwischt hat, bekamen wir mit, dass sie Rotlhe nach *Serowe* schicken. Er soll dort einen Auftrag erfüllen. Dort sollten wir unsere Suche beginnen.“

B-OB meldete sich zu Wort: „Rotlhe ist doch das Nashorn der Bande, oder? In Serowe gibt es die Khama Nashorn-Auffangstation. Das kann kein Zufall sein! Bestimmt versuchen sie, dort wieder ein Tier verschwinden zu lassen. Ich habe einen alten Freund, der in Khama arbeitet. Wir müssen ihn warnen, dass er besonders auf der Hut sein soll. Wir haben keine Zeit zu verlieren.“ Er breitete seine Flügel mit seinem gigantischen **WUUUUSSSSCHHH** aus und sagte: „Alle an Bord. Es wäre doch gelacht, wenn wir nicht Tiere retten und gleichzeitig den gefährlichsten Ganoven Botswanas das Handwerk legen könnten.

## Von Dickhäutern und Krachmachern

B-OBs Motoren brummten auf dem Weg nach Nordosten monoton vor sich hin. Line fragte: „Sag mal B-OB, wieso gibt es denn in Serowe eine Nashorn-Auffangstation? Ich dachte, die leben im Süden Afrikas in freier Wildbahn." B-OB seufzte tief und sagte: „Weißt du, Line, das war auch mal so. Aber leider sind Nashörner eine der am meisten vom Aussterben bedrohten Tierarten. Es gibt Orte, an denen die Menschen glauben, dass ein Pulver, das aus dem Horn eines Nashornes hergestellt wird, magische Heilkräfte hat. Das ist natürlich Quatsch, aber trotzdem werden die Nashörner weiter gejagt. Nun gibt es nur noch sehr wenige dieser schönen Tiere auf der Welt."

Thobo fuhr fort: „Die Menschen in Serowe wollten etwas dagegen unternehmen. Also haben sie sich zusammengetan, den Bauern viel Land abgekauft und ein Schutzgebiet für Nashörner gegründet. Die riesige Fläche ist umzäunt und wird von Rangern bewacht. So sind die Nashörner in Sicherheit und können in Freiheit leben. Die Einwohner Serowes haben auch etwas davon, da sie einen Teil der Eintrittsgelder bekommen."

Line war begeistert. „Das ist aber nett von den Leuten hier. Ich wünschte, es gäbe mehr solcher Menschen auf der Welt", sagte sie. Bonty stimmte ihr zu: „Ja, das ist richtig. Insgesamt sind den Menschen in Botswana die Tiere sehr wichtig, auch wenn es nicht immer einfach ist. So schön zum Beispiel Elefanten auch sind, es ist nicht leicht für einen Bauern, wenn die riesigen Tiere die Zäune niederwalzen und die Ernte zerstören. Daher ist es umso schöner, wenn die Gemeinden sich zusammentun, um Tieren und Menschen gleichermaßen zu helfen."

B-OB rief: „Seht nur, dort unten ist das Eingangstor zum Reservat!" Er stellte seine Propeller waagerecht und landete sanft vor der Ranger-Station.

Vor dem Gebäude stand ein jung aussehender Mann. Er rief erstaunt: „B-OB? Was machst du denn hier?!? Wenn ich gewusst hätte, dass du kommst, hätte ich doch zumindest ein leckeres Willkommensmahl für dich und deine Freunde vorbereitet."

B-OB strahlte über das ganze Gesicht: „Duncan, wie schön dich zu sehen.* Ich wusste bis vor kurzem gar nicht, dass wir dich besuchen würden. Ich bin leider aus einem unschönen Grund hier."

Nachdem er die Kinder vorgestellt hatte, erzählte B-OB dem Ranger von dem geheimnisvollen Verschwinden vieler geschützter Tiere und von ihrem Verdacht, dass die Khama-Auffangstation das nächste Opfer von Tierdieben sein könnte. Duncan schien wenig beunruhigt: „Ich möchte gerne sehen, wer hier ein Nashorn unter unserer Nase wegschnappen könnte. Insgesamt patrouillieren hier vier Ranger-Kompanien Tag und Nacht, zu Fuß, zu Pferd und im Geländewagen. Unsere Nashörner sind in Sicherheit. Da gehe ich jede Wette ein."

Hinter den Freunden ertönte eine bekannte Stimme: „Na, wenn das nicht die jungen Leute aus dem Mokolodi-Wildreservat sind. Wie klein Botswana doch ist." Es war Sir Alex, der lächelnd auf die Gruppe zuschritt. Benni rief erstaunt: „Sir Alex, was machen Sie denn hier? Sie waren doch eben noch in Gaborone." Der alte Pilot lächelte: „Nun, ich könnte dich dasselbe fragen, junger Mann. Ich hatte doch erzählt, dass ich ein Paket ausliefern musste. Dieses habe ich soeben in Serowe abgegeben. Nun wollte ich die Gelegenheit nutzen und die eindrucksvollen Tiere hier sehen."

Line schreckte auf und zeigte auf einen riesigen Kerl neben einem Geländewagen mit dem überdimensionalen Horn eines Nashornes auf der Kühlerhaube. Sie rief: „Seht mal da! Ist das nicht Rotlhe, das Nashorn der Großen Fünf?" Tatsächlich war der Verbrecher aus seinem Auto gestiegen und stapfte auf eines der Gebäude auf dem Gelände zu. Duncan wollte gerade etwas über den neuen Gast sagen, als ein weiterer Ranger atemlos angerannt kam. Er hechelte: „Ärger im Park. Die Nashörner sind außer Kontrolle. Ein Auto mit Touristen ist in Gefahr. Kommt schnell!"

*** Duncan** (gesprochen ‚Danken')

B-OB rief: „Los, Freunde, springt an Bord! Wir müssen den Leuten helfen!“ Noch während die Gruppe in B-OBs Fahrerkabine hechtete, pustete er mit einem **PLOIOIOIOIOINK** seine überbreiten Geländereifen auf. Ein messerscharfes *ZZZIIIIIIINNNNNNKKK* ertönte und stählerne Spikes schossen aus ihnen hervor. Zuletzt klappte eine riesige Winde mit einem metallischen **KALLLLONNNKKKK** unter der Stoßstange herunter.
B-OB war bereit für die Wildnis.

Die Freunde polterten über das holprige Gelände und den tiefen Sand, in dem jeder ohne Vierradantrieb steckengeblieben wäre. Duncans Assistent erklärte, was geschehen war: „Das Auto der Touristen fing genau vor einer Gruppe Nashörner an, wie wild zu hupen. Erst dachten wir, es sind die üblichen Verrückten, die nicht verstehen, wie gefährlich Nashörner sind. Aber dann merkten wir, dass etwas nicht stimmte. Das Auto hupte unaufhörlich weiter bis drei der aggressivsten Nashorn-Bullen die Nerven verloren und auf das Touristen-Auto zustürzten. Zum Glück reagierten sie schnell und konnten für den Moment entkommen. Aber als ich los bin, um dich zu holen, war der Wagen mit den Touristen noch immer auf der Flucht vor den Nashörnern.“

Duncan erklärte den Kindern: „Wisst ihr, Nashörner sind recht reizbare Tiere. Sie können den ganzen Tag ruhig grasen, aber wehe, sie werden in ihrer Ruhe gestört. Dann können sie äußerst aggressiv werden und versuchen, den Störenfried aufs Horn zu nehmen. Ihr Pech ist, dass sie sehr kurzsichtig sind. Das bedeutet, sie können nicht besonders weit sehen. Daher stürmen sie gerne auch mal in die falsche Richtung.“
Gerade als Duncan seine Erklärung beendet hatte, brachen die Freunde aus dem Gebüsch und erreichten ein riesiges Feld. Ihnen bot sich ein verrückter Anblick.

Mitten auf dem Feld, abseits der Pfade, raste ein Geländewagen voller verängstigter Touristen immerzu hupend im Kreis herum. Dicht hinter dem Auto her donnerten drei Nashörner mit gesenkten Köpfen und versuchten, es zu Kleinholz zu machen.
Bevor jemand reagieren konnte, hatte Benni blitzschnell einen Plan geschmiedet. Er rief: „Wir müssen die Nashörner von dem Geländewagen ablenken. Wenn sie so kurzsichtig sind, dann könnten wir versuchen, noch lauter zu sein als die Hupe des Geländewagens. Vielleicht verfolgen sie dann uns statt der Touristen. Wir locken die Tiere weg von hier, biegen dann plötzlich ab und verstecken uns, während sie - hoffentlich - geradeaus weiterrennen. In der Zwischenzeit können sich die Touristen in Sicherheit bringen."

B-OB sagte: „Ich finde, dein Plan klingt völlig verrückt. Er gefällt mir! Line, Benni, zeigt Duncan und Sir Alex, wo mein Instrumenten-Schrank hinten ist. Sucht euch die lautesten Tröten und Trommeln heraus. Es wäre doch gelacht, wenn wir nicht lauter als so eine olle Hupe sein könnten." Die Freunde verschwanden in B-OBs Innerem. Kurze Zeit später erschienen sie mit einem wahren Sammelsurium von Krachmachern wieder in der Fahrerkabine.

Line hatte sich die botswanische Trommel geschnappt, die der Auslöser für ihre Reise gewesen war. Benni hielt eine mittelalterliche Fanfare in den Händen. Bonty hatte sich einen tibetanischen Gong und Thobo sich ein großes Paar goldener Becken genommen. Duncan hielt eine gasbetriebene Tröte, wie sie Fans bei Fußballspielen manchmal benutzen. Sir Alex hatte sich eine gigantische Triangel ausgesucht und B-OB klappte riesige LKW-Hupen aus dem Dach. Sie waren bereit für ihre verrückte Rettungsaktion.

B-OB sagte: „Haltet euch bereit! Ich fahre in das abenteuerliche Karussell hinein und versuche, neben die Touristen zu kommen. Auf mein Signal hin macht ihr so viel Krach wie möglich. LOS GEHT'S!" Das weltreisende Wohnmobil stürzte sich ins Getümmel.
Sobald er neben dem dauerhupenden Auto herfuhr, rief er: „JETZT! SO LAUT IHR KÖNNT!"

Eine wahre Kakophonie ertönte in dem Park. Von dem Hupen der Touristen war nichts mehr zu hören. Es trötete, trommelte, klingte, klangte und gongte so sehr, dass alle Tiere im Umkreis erschrocken davonrannten. Selbst die aggressiven Nashörner schreckten kurz auf, doch nur, um die Jagd mit neuer Wut wieder aufzunehmen.

Sobald B-OB merkte, dass die drei Dickhäuter hinter ihm statt den Touristen her waren, löste er sich aus dem Kreis und lockte die Tiere hinter sich her zurück in den Busch. Unter ohrenbetäubendem Krach durchbrach die Verfolgungsjagd das Gebüsch. B-OB raste so lange vor den Ungetümen her, bis er sich sicher sein konnte, dass die Touristen in Sicherheit waren. Dann rief er: „JETZT! MUSIK AUS!“ und bog bremsend scharf links ab. Mucksmäuschenstill verharrten die Freunde im Gebüsch, während die drei wütenden Dickhäuter an ihnen vorbeirasten.

Sie hatten es geschafft. Die Touristen waren gerettet und die Nashörner beruhigten sich nach kurzer Zeit wieder. Die Freunde fuhren zurück zum Haupteingang, wo der Chef-Mechaniker des Reservates schon die Hupe der Touristen untersuchte. Er sagte zu Duncan: „Dumela Rra Duncan!* Es ist äußerst komisch. Es scheint so, als ob sich jemand an der Hupe dieses Fahrzeuges zu schaffen gemacht hätte.“

In diesem Moment kam wieder ein Ranger angehetzt. „Rra Duncan! Poko ist verschwunden! Er war vorhin noch bei seiner Herde, aber jetzt ist er wie vom Erdboden verschluckt!“ B-OB schaute verwirrt. „Wer ist denn Poko? Sag mir bitte nicht, dass euch jetzt wirklich ein Nashorn fehlt!“

Duncan war fassungslos. „Aber das ist doch unmöglich! Wie konnte denn in der kurzen Zeit mit all den vielen Wachleuten unser Prachtbulle verschwinden? Poko ist eines der ältesten und größten seiner Art. Sein Verlust wäre ein furchtbarer Schlag für unser Reservat.“ Thobo schaute sich schnell um und sagte: „Der Geländewagen von Rotlhe ist weg!



* **Dumela** (gesprochen *‚Dummella‘*) *bedeutet so viel wie ‚Hallo‘ oder ‚Guten Tag‘*.

Jede Wette, dass er etwas mit dem Verschwinden des Nashorns zu tun hat. Ich bin mir sicher, diese Banditen haben die Hupe der Touristen manipuliert, um von sich abzulenken. Sie haben das wertvollste Nashorn gekidnappt, als alle damit beschäftigt waren, den Touristen zu helfen. Wir müssen die Großen Fünf einfach überführen, damit wir ihnen das Handwerk legen können. Nur, wo könnten sie als Nächstes zuschlagen wollen?"

Bonty hatte eine Idee: „Es scheint so, als ob sie die schönsten Tiere aus den bekanntesten Gebieten des Landes klauen. Ich habe neulich im Fernsehen gesehen, dass eine Herde der größten Büffel, die seit Menschengedenken in Botswana gesehen wurden, aus unserem Nachbarland Zimbabwe eingewandert ist. Anscheinend befinden sie sich gerade in der *Makgadikgadi*-Salzwüste!* Ich würde wetten, dass die Gauner dort als Nächstes zuschlagen!"

B-OB brummte: „Bei der Wette würde ich mithalten. Das Problem ist, die Salzwüste ist die größte der Welt.** Wie sollen wir die Großen Fünf da auf frischer Tat ertappen?"

Line sagte: „Na, wir wissen ja, dass die Bande bis kommende Woche ihren Auftrag erledigen muss. Das heißt, sie müssen doch in den nächsten Tagen alle Tiere fangen, die sie brauchen. Wir müssten also nur die Büffelherde finden und darauf lauern, dass sich die Großen Fünf blicken lassen."

B-OB rief: „Na, dann springt mal an Bord und haltet die Augen auf. Wir sind auf der Suche nach der Nadel im Heuhaufen beziehungsweise dem Büffel in der Salzwüste." Die Freunde verabschiedeten sich von Duncan und Sir Alex. B-OB entfaltete seine Flügel wieder mit dem imposanten **WUUUUUSSSCCCHHH** und weiter ging die Reise Richtung Norden.

*** Makgadikgadi** (gesprochen *‚Machadichadi'* mit *‚ch'* wie in *‚Ach'*)

** Der aufmerksame Weltenbummler wird nun vielleicht sagen: „Moment mal, ist nicht die „Salar de Uyuni" in Bolivien die größte Salzwüste der Welt?!" Das stimmt nur bedingt. In Uyuni liegt die größte einzelne sogenannte Salzwüstenpfanne. Botswana besitzt allerdings die größte Salzwüstenregion der Welt.

## Die erzwungene Pause

B-OB brummte weiter über Botswana dahin. Immer wieder machte er die Kinder aufmerksam, wenn er Tierherden entdeckte. Nach einiger Zeit flogen die Freunde über eine gigantische Grube. Sie war so groß und tief, dass der Grund des Loches nicht zu sehen war.

Von ihrem Rand führten Straßen in die Tiefe hinunter. Dort fuhren die größten Laster, die die Kinder je gesehen hatten, und transportierten Erde und Felsstücke aus der Senke heraus. Die LKWs waren so groß, dass sogar B-OB ihnen gerade mal bis zur Radkappe reichte. Die Kinder staunten über das rege Treiben unter sich.

B-OB rief ihnen zu: „Das da unten ist die Stadt *Orapa*. Hier befindet sich eine der größten Diamantenminen, die es gibt. In wenigen Orten der Welt findet man mehr Diamanten als in Botswana. Das Land nutzt das Geld, das die Edelsteine einbringen, sehr schlau für seine Bewohner. Die Regierung baut damit Straßen, Schulen, Krankenhäuser und vieles andere, das den Menschen hier zugute kommt."

Beeindruckt beobachteten die Kinder weiter die riesige Mine und hätten nur zu gerne mal einen echten funkelnden Diamanten gesehen.

Nur kurze Zeit nachdem sie Orapa überflogen hatten, veränderte sich die Landschaft schlagartig. Anstatt wie vorher über weite, flache Buschlandschaften zu fliegen, schien es nun, als ob die Freunde über ein weißes Blatt Papier flögen. Unter ihnen erstreckte sich in alle Richtungen die Makgadikgadi-Salzwüste.

Die Salzwüste strahlte so grell, dass sie die Augen zusammenkneifen mussten, um noch etwas zu erkennen. B-OB drehte eine Runde nach der anderen über der weiten Ebene, während seine Passagiere die Augen auf der Suche nach einer schwarzen Büffelherde und den Großen Fünf aufhielten.

Plötzlich rief Line: „Da unten! Der schwarze Punkt! Ist das ein Auto?" B-OB flog immer niedriger, bis die Freunde klar erkennen konnten, dass unter ihnen ein dunkler Geländewagen durch die Salzwüste fuhr. Auf der Kühlerhaube waren ein paar Büffelhörner angebracht. Bonty rief: „Das ist doch sicher Moabi Tuelo, der Büffel der Großen Fünf! Wir müssen herausfinden, wo er hinfährt und was er im Schilde führt! B-OB, kannst du ihm unauffällig folgen?"

B-OB versuchte, vorsichtig hinter dem Geländefahrzeug herzufliegen, doch nach kurzer Zeit rief er: „Ich falle hier oben zu sehr auf. Ich denke, es ist besser, zu landen und der Salzwolke, die Moabi hinter sich herzieht, aus sicherer Entfernung zu folgen."

B-OB ließ dem Verbrecher einen Vorsprung, damit dieser ihn nicht sehen konnte, und setzte zur Landung an. Benni rief: „He, B-OB! Vorsicht! Du bist viel zu schnell! Gleich prallen wir auf dem Boden auf!" Doch es war zu spät.

Mit einem scheppernden **KNALL** setzte B-OB viel zu fest auf der weißen, harten Kruste der Salzwüste auf. Seine vier Passagiere wurden hochgeschleudert und wunderten sich über die für B-OB unübliche Landung. Line rief: „B-OB! Geht es dir gut? Was ist denn da passiert?" B-OB sagte: „Puh. Das tut mir wirklich leid, Kinder. Durch das blendende Weiß der Salzwüste konnte ich nicht abschätzen, wie weit es noch bis zum Boden war, und habe mich total vertan. Ich hoffe, ihr habt euch nicht wehgetan!"

Da es allen gut ging, wollten die Freunde die Spur weiterverfolgen. Bonty sah sich um. „Wo ist denn die Salzwolke hin?", fragte sie. B-OB und die anderen Kinder suchten überall nach Moabis Spur, doch bis zum Horizont war nichts als die spiegelglatte, weiße Wüste zu sehen.

Line sagte: „Zum Glück haben wir ja Flügel dabei. B-OB, mach doch mal bitte ‚Wusch' und wir suchen wieder aus der Luft nach dem Büffel, ja?"

B-OB entfaltete seine Flügel mit einem WUUFLAPP. Aber zum Schrecken der Kinder hing einer von B-OBs Flügeln wie bei einem kranken Vogel schlapp auf den Boden hinunter.

B-OB seufzte: „Oje. Da habe ich wohl etwas härter aufgesetzt als beabsichtigt. Ich befürchte, ich muss den Flügel ein klein wenig schonen. In der Zwischenzeit setzen wir die Verfolgung doch besser am Boden fort. Wir haben allerdings noch ein Problem. Beim Aufprall scheine ich meinen inneren Kompass durcheinander gebracht zu haben. Moabi ist vorhin nach Osten gefahren, aber ich habe momentan keine Ahnung, in welcher Richtung das liegt."

Den Kindern gefiel der Gedanke, die Verfolgung aufzugeben, überhaupt nicht, aber Bonty hatte die rettende Idee. Sie sagte: „In der Wüste ist es sicher nicht so schlau, blindlings drauflos zu fahren. Lasst uns hier Rast machen, bis es dunkel wird. Sobald die Sterne am Himmel stehen, kann ich euch genau sagen, in welche Richtung wir fahren müssen. Das kostet zwar Zeit und es kann sein, dass wir die Fährte der Büffel nicht mehr finden, aber ich sehe leider keine andere Möglichkeit."

Die Freunde stimmten zu. „Wie wäre es, wenn ihr euch, solange wir warten, ein paar Klappstühle hinten rausholt und Limos aus meinem Kühlschrank nehmt?", schlug B-OB vor. Nachdem die Kinder es sich gemütlich gemacht hatten, rollte B-OB seine Markise aus und spendete so Schatten. Die Kinder nuckelten aufgeregt an ihren Strohhalmen und warteten auf den Einbruch der Nacht, um die Verfolgung wieder aufnehmen zu können.

Über B-OB und den Kindern leuchteten die Sterne so hell, wie Line und Benni sie im Leben noch nie gesehen hatten. Ohne die störenden Lichter der Städte strahlte jeder einzelne Stern in seiner vollen Pracht.

Line staunte: „Das ist ja vielleicht ein wunderbarer Sternenhimmel. Aber eines verstehe ich nicht. Wo ist denn der Polarstern hin?" B-OB lächelte: „Wir sind hier doch auf der Südhalbkugel der Erde, Line. Das bedeutet, dass du ganz andere Sternbilder siehst als zuhause. Den Polarstern sieht man nur auf der nördlichen Halbkugel. Hier gibt es dafür andere Sternbilder."

Bonty sagte: „Genau! Wie zum Beispiel das Kreuz des Südens. Ähnlich wie der Nordstern dir zeigt, wo es nach Norden geht, zeigt das Kreuz des Südens zuverlässig nach Süden." Sie deutete auf vier Sterne: „Da über uns leuchtet das Kreuz ja schon. Von da aus müssen wir nur... Moment." Sie sagte leise eine Eselsbrücke für sich auf und zeigte dabei in die verschiedenen Himmelsrichtungen: „Nie. Ohne. Seife. Waschen.* Nach links! Wir müssen vom Kreuz des Südens also nach links, um in Richtung Osten zu fahren. Ich hoffe nur, dass wir noch eine Spur von irgendeinem Büffel finden, egal ob Gauner oder Tier."

Sobald der Morgen dämmerte, nahmen die Freunde wieder die Verfolgung auf und rasten durch die schneeweiße Salzwüste nach Osten. Nach einiger Zeit entdeckten sie in der Ferne eine Menge Autos und große Tiere. Line rief: „Das müssen sie sein! Wir ertappen sie auf frischer Tat!"

* Na? Kommt euch die Eselsbrücke bekannt vor? Falls nicht, schaut doch mal in Band 1 von B-OB Coddiwomple und die Weltenbummler Kids. Der heißt passenderweise „Nie ohne Seife waschen".

Doch als die Freunde näher kamen, sahen sie, dass es sich bei den Tieren um Büffel handelte. Die Fahrzeuge gehörten aber nicht den Großen Fünf, sondern der botswanischen Polizei. Die Polizisten standen in einigem Sicherheitsabstand zu den Büffeln und unterhielten sich aufgeregt mit einer anderen Gruppe Menschen.

B-OB hielt neben den beiden Gruppen an und sagte: „Dumelang zusammen.* Was ist denn hier passiert? Die Büffel scheinen ja noch alle da zu sein!" Einer der Polizisten runzelte die Stirn und sagte: „Dumela, Rra. Leider ist die Sache nicht ganz so einfach, wie es scheint. Die Büffelherde ist zwar zum großen Teil noch da. Allerdings erklärten uns diese Natur-Fotografen, die uns gerufen haben, dass der Leitbulle dieser Büffelherde fehlt. Wir fürchten, er ist einem hinterhältigen Tierdiebstahl zum Opfer gefallen. Ohne ihn ist die Herde führungslos."

Bonty sagte: „Lassen Sie mich raten: Der Bulle ist spurlos verschwunden. Es ist, als ob er vom Erdboden verschluckt wäre." Der Polizist sah die junge Detektivin verdutzt an: „Genauso ist es, junge Mma. Woher weißt Du das denn so genau?"

Bonty, B-OB und die anderen erklärten den Polizisten, was sie bisher in Mokolodi und Khama erlebt hatten. Die schienen sehr beeindruckt: „Das klingt nach einem äußerst brisanten Fall. Wir können froh sein, dass es in Botswana so aufmerksame Kinder wie euch gibt, die der Polizei unter die Arme greifen!" Bonty und Thobo freuten sich sehr über die lobenden Worte des Polizisten.

Benni sagte: „Aber wohin fahren wir als Nächstes? Wir haben die Großen Fünf nun schon zum zweiten Mal verpasst. Viel Zeit bleibt uns nicht mehr, wenn wir diesen Schurken das Handwerk legen wollen."

Die Freunde gaben Benni recht. Thobo sagte: „Von hier aus ist es nicht mehr weit bis zum Chobe-Nationalpark.** Nirgends auf der Welt gibt es so viele Elefanten wie dort. Ich würde mich nicht wundern, wenn der Nationalpark auf der ‚Einkaufsliste' der Großen Fünf steht."

B-OB breitete wieder seine Flügel mit dem mächtigen **WUUUUSSSCCCCHHH** aus und sagte: „Genug ausgeruht! Es wird wirklich Zeit, dass wir endlich mal einen der Großen Fünf fangen. Ich habe eine gute Freundin, die neben dem *Chobe*-Nationalpark wohnt. Sie kann uns sicher sagen, ob in der Gegend etwas Ungewöhnliches vor sich geht. Los, an Bord mit euch! Mein Flügel ist erholt genug. Wir haben Elefanten zu beschützen."



* **Dumelang** sagt man, wenn man eine Gruppe begrüßt.

** **Chobe** (gesprochen *‚Tschobe'*)

## Der Freudentanz

Auf dem Weg in den Norden Botswanas gab B-OB Gas. Seine Propeller drehten sich auf Hochtouren. Nach einem langen Flug über endlose Buschlandschaften tauchte ein gewaltiger Fluss vor ihnen auf. B-OB rief: „Seht mal dort unten! Das ist der Chobe-Fluss. Nach dem ist auch der Nationalpark benannt.

Übrigens ist der Chobe-Park der älteste Nationalpark Botswanas. Hier leben einige der größten Elefantenherden der Welt. Aber auch sonst kann man hier alle Tiere entdecken, die man sich vorstellen kann: Löwen, Leoparden, Flusspferde und alle möglichen Antilopen-Arten. Auf der anderen Seite des Flusses fängt schon das Nachbarland Namibia an. Da müssen wir unbedingt auch noch hin. Wunderschön ist es dort!"

Line rief zurück: „Da unten, im Fluss, das sieht ja fast aus wie eine Elefantenherde. Aber die können doch gar nicht schwimmen, oder?" „Doch klar!", rief B-OB. „Elefanten sind richtig gute Schwimmer. Manchmal tauchen sie sogar ein wenig unter und nur der Rüssel guckt wie ein Schnorchel aus dem Wasser. Das da scheint mir eine Herde junger Bullen zu sein. Es kann sein, dass die älteren Tiere den Jungen zeigen, wie eine Flussüberquerung funktioniert."

Beeindruckt sahen sich die Kinder das Naturschauspiel an. Eines nach dem anderen stiegen die massigen Tiere nassglänzend aus dem Wasser und stampften majestätisch über das grüne Feld. B-OB meldete sich wieder zu Wort: „Gleich sind wir in Kavimba, dem Örtchen, in dem meine Freundin Mma Pelo wohnt." B-OB stellte seine Propeller waagerecht und landete mitten in einem winzigen Dorf.

Eigentlich bestand das Dorf nur aus einigen Häusern und runden Lehmhütten am Ufer des Chobe. Während B-OB landete, kam eine Gruppe älterer Frauen mit traditionellen Kopftüchern aus einem Gebäude. Sie lachten und klatschten, als B-OB auf dem Boden aufsetzte. Sie stimmten ein Lied an und tanzten dazu. Einige von ihnen riefen immer wieder: „*Pula*!"

Benni schaute völlig verdutzt und fragte Thobo: „Was rufen die Damen denn da? Und warum tanzen sie?" Thobo erklärte: „‚Pula' bedeutet auf Setsuana, unserer Sprache, so viel wie Regen. Wir leben ja in einem sehr trockenen Land und für uns ist es ein wahrer Segen, wenn endlich die Regenzeit kommt und sich die Flüsse wieder füllen.
Regen ist hier so wertvoll, dass sogar unser Geld Pula heißt."

Bonty zeigte auf die Gruppe Frauen, die B-OB zur Begrüßung herzlichst umarmten: „Der Tanz, den sie aufgeführt haben, war ein Freudentanz. Es ist Tradition, zu besonderen Anlässen einen Tanz aufzuführen, zum Beispiel nach einer guten Ernte, oder eben, wenn eine geliebte Person zu Besuch kommt."

B-OB kam in Begleitung einer freundlich lächelnden Dame zu den Kindern und stellte alle vor. Er sagte: „Das hier ist meine alte Freundin Mma Pelo. Sie ist eine wahre Künstlerin." Er zeigte auf einen Tisch voller wunderschön gemusterter Körbe. „Sie und ihre Freundinnen flechten Körbe auf traditionelle Art. Das ist eine richtige Kunstform in Botswana."

Mma Pelo erklärte: „Das stimmt. Leider habe ich keine Zeit, euch Genaueres zu erklären. Ich komme gerade von einer dringenden *Kgotla*, die der *Kgosi*, das Oberhaupt des Dorfes, einberufen hat.* Leider gibt es beunruhigende Nachrichten."

Line unterbrach: „Was genau hat der *Kgosi* einberufen? Das Wort habe ich noch nie gehört!"



* **Kgotla und Kgosi** (gesprochen ‚*Chotla*' und ‚*Chosi*' mit ‚ch' wie in ‚doch')

Mma Pelo erklärte es ihr: „Eine *Kgotla* - das ist ein Stammestreffen, das einberufen wird, wenn Entscheidungen getroffen werden müssen oder es wichtige Neuigkeiten gibt. Alle Erwachsenen des Stammes kommen dann zusammen, um gemeinsam zu beraten, wie entschieden werden soll. So übernimmt jeder im Ort mit Verantwortung."

Thobo fragte: „Und was genau waren die beunruhigenden Nachrichten? Ich hoffe, es hat nichts mit irgendwelchen verschwundenen Elefanten zu tun..."

Mma Pelo sah den jungen Detektiv erstaunt an: „Aber woher weißt du das? Genau das ist das Problem. Eine der schönsten Herden des Chobe-Nationalparks ist verschwunden. Es scheint, als ob sie sich mitsamt Jungtieren einfach in Luft aufgelöst hat."

Bonty erklärte ihr, was gerade in Botswana vor sich ging. Mma Pelo sah die Kinder mit offenem Mund an. Als sie realisierte, dass eine Bande Wilderer, genannt die Großen Fünf, ihr Unwesen in dem geschützten Nationalpark trieb, wurde sie genauso wütend wie B-OB und die Kinder. Sie schimpfte: „Wir müssen diesen Schurken das Handwerk legen! Sagt mir, wie ich euch helfen kann!"

B-OB sagte: „Ich denke, es wäre das Beste, wenn wir die Gegend nach Spuren absuchen würden. Wir müssen einfach herausfinden, wie sie es schaffen, diese riesigen Tiere klammheimlich aus bewachten Gebieten fortzuschaffen." Mma Pelo stimmte ihm zu: „Dann seid ihr bei mir an der richtigen Adresse. Ich bin hier in der Gegend aufgewachsen und kenne jedes Gebüsch wie meine Westentasche. Los geht's!"

B-OB machte sich wieder mit einem **PLOIOIOIOIOINK**, *ZIIINNNKKKK* und **KALLLLONNKK** für das unwegsame Gelände bereit und die Gruppe begab sich auf Spurensuche.

# Elefant in Not

B-OB donnerte auf seinen gewaltigen Reifen durch das dichte Unterholz. Mma Pelo führte die Gruppe an und die Kinder hielten die Augen auf nach Spuren der verschwundenen Elefantenherde. Auf dem Weg durch den einzigartigen Nationalpark sahen sie Giraffen, Zebras und Antilopen, nur Elefanten liefen ihnen nicht über den Weg.

Gerade fuhr die Gruppe das Ufer des Chobe entlang, als ihnen ein weißer Geländewagen den Weg versperrte. Am Steuer saß ein alter Bekannter. B-OB rief „Sir Alex! Man könnte meinen, Botswana sei ein Dorf, so häufig, wie wir Sie schon unterwegs getroffen haben."

Auch Sir Alex schien überrascht, aber er rief lachend: „Meine Freunde aus dem Mokolodi-Reservat! Was für eine wundervolle Überraschung. Ich habe gerade eine Lieferung hier im Nationalpark abgeholt und schaue mir nun noch ein wenig die Gegend an, bevor ich weiter muss. Was machen denn eure Ermittlungen zu den Tierdiebstählen?"

Line erzählte Sir Alex schnell von ihren Erlebnissen in der Makgadikgadi-Salzwüste. Der hörte aufmerksam zu und sagte dann: „Wirklich eine Schande. Diese wunderbaren Tiere einfach zu stehlen. Ich befürchte nur, es ist zwecklos, noch weiter nach ihnen zu suchen! In diesem dichten Gestrüpp findet man doch keine Spuren."

Genau in dem Moment sagte Bonty: „Pssst! Hört mal! Was ist das denn für ein Geräusch?" B-OB machte seinen Motor aus und alle hielten die Luft an, um zu lauschen. Ein klägliches Trompeten war aus der Ferne zu hören. Mma Pelo rief: „Das ist ganz klar das Trompeten eines Elefanten, aber wir müssten doch die Herde sehen, wenn sie hier wäre!"

Line rief: „Dort drüben! Auf der kleinen Insel im Fluss! Das ist doch ein Babyelefant!" Die Freunde sahen in die Richtung, in die Line zeigte. Tatsächlich stand dort einsam und verloren ein kleines Elefantenbaby. B-OB sagte: „Es ist auf der Insel gefangen. Das ist die Erklärung! Die Diebe haben die Elefantenherde auf der Insel in eine Falle gelockt und dann mitgenommen. Das Baby müssen sie übersehen haben. Nun kann es nicht mehr alleine zurückschwimmen. Wie können wir es nur retten?"

Sir Alex sagte: „Das ist hoffnungslos! Auch wenn es nur ein Baby ist, so ist es doch zu groß und schwer, als dass wir es in einem Boot rüberbekommen könnten!“ B-OB stimmte zu: „Ich fürchte, Sir Alex hat recht. Das Baby ist auch zu schwer, als dass ich es durch die Luft transportieren könnte. Es würde auch nicht helfen, mich in ein Luftkissenboot zu verwandeln. Der kleine Elefant würde nicht durch meine Türen passen.“

Line sagte verzweifelt: „Das arme Baby. Wenn wir nur ein großes Floß hätten. Oder vielleicht....“
„...Einen riesigen Korb!“, unterbrach sie Mma Pelo. „Wir haben gerade einen gigantischen *Leselo* – einen tellerflachen Korb - für eines der Hotels im Nationalpark hergestellt. Ein richtiges Kunstwerk! Es kann sogar schwimmen und ist groß genug, um einen Babyelefanten zu transportieren.“ Line übernahm wieder. „Das wäre ja ein perfektes Floß! Wir könnten den Elefanten auf den Leselo locken und mit einem Boot ans Ufer ziehen.“

Die Freunde stimmten begeistert zu. B-OB raste mit Mma Pelo zurück zum Dorf, um den Korb zu holen, während die Kinder und Sir Alex das Elefantenbaby im Auge behielten.

Als B-OB wieder am Ufer angekommen war, blies er mit einem ohrenbetäubenden **SSSSCCCHHHUUUUU** sein Luftkissen auf und entfaltete den gigantischen Ventilator an seinem Heck. Dann zog er den Korb an einem Tau hinter sich her ins Wasser. Line und Bonty hatten sich bereit erklärt, sich im Leselo zur Insel ziehen zu lassen, um das Elefantenbaby an Bord zu locken.

„Hier!", sagte Mma Pelo und drückte den Mädchen einige Orangen in die Hände. „Elefanten können Orangen nicht widerstehen.* Wenn ihr sie dem kleinen Elefanten zeigt, kommt er bestimmt zu euch." Als die Mädchen sicher im Leselo saßen, gab B-OB sachte Gas und schwebte über das Wasser zu der kleinen Insel. Bonty und Line stiegen behutsam aus dem Korb und hielten dem Elefantenbaby die Orangen hin.

Der Elefant schien die leckeren Früchte zu riechen, denn er streckte seinen Rüssel in die Luft und schnüffelte vorsichtig nach ihnen. Line rollte eine Orange in seine Richtung. Trotz seiner Angst tapste das kleine Tierbaby zu der Frucht und steckte sie schnell ins Maul. Bonty rollte die nächste Orange hin, diesmal näher an den Korb. Wieder näherte sich das Elefantenbaby, um sich das Obst zu nehmen. Langsam und vorsichtig gewannen die Freundinnen so das Vertrauen des Tieres und lockten es gemeinsam auf den riesigen, flachen Leselo.

B-OB fuhr wieder vorsichtig an und zog seinen ungewöhnlichen Passagier mit den Freunden ans feste Ufer. Der kleine Elefant, gestärkt von den vielen Orangen, trötete zufrieden, als Mma Pelo ihn liebevoll streichelte. Sir Alex bot sogar an, das Baby mitzunehmen: „Wenn ihr möchtet, kann ich dieses Jungtier gerne in ein Elefanten-Reservat bringen. Platz genug in meinem Transportflugzeug hätte ich."

* Orangen sind tatsächlich eine Leibspeise von Elefanten. Campern, die in Nationalparks übernachten, wird sehr ans Herz gelegt, keine Orangen mitzubringen, da es schon vorgekommen ist, dass Zelte von Elefanten, die Orangen witterten, niedergetrampelt wurden.

Mma Pelo wehrte ab: „Nein, nein! Ich halte es für das Beste, der Kleine bleibt hier bei uns in seiner Heimat. Ich habe vollstes Vertrauen, dass diese einfallsreichen Kinder die verschwundene Herde finden und zurückbringen werden. In der Zwischenzeit werde ich gut auf das süße Baby achtgeben." Sir Alex hatte keinen Einwand und verabschiedete sich, um ein weiteres Paket auszuliefern.

Line fragte in die Runde: „Hat irgendjemand eine Idee, wo wir als Nächstes nach den Großen Fünf suchen sollen? Es wäre doch gelacht, wenn wir nicht langsam einem dieser Verbrecher das Handwerk legen könnten." B-OB sagte: „Na, wir nähern uns unserem Ziel doch. Immerhin hatten wir bisher immer den richtigen Riecher. Wir müssen nur schneller arbeiten."

Bonty stimmte ihm zu: „Mma Pelo, ist es wahr, dass im *Moremi*-Wildreservat mehrere Leoparden Junge bekommen haben?" „Das stimmt", sagte Mma Pelo. „Es ist noch gar nicht lange her und der Moremi ist auch sonst bekannt für seine Leoparden. Es könnte gut sein, dass diese miesen Ganoven dort als Nächstes zuschlagen."

B-OB hatte genug gehört. Mit **PLOIOIOIOIOINK**, *ZIIINNNKKKK* und **KALLOONNKK** machte er sich für die Wildnis bereit und rief: „Alle einsteigen! Es ist eine weite Fahrt und leider können wir nicht fliegen. Das Moremi-Wildreservat liegt mitten im *Okavango*-Delta, einem der größten Flusstäler der Welt. In der Gegend leben, dank des vielen Wassers, beinahe alle Tierarten des südlichen Afrikas und es wimmelt nur so von Elefanten.

Meine Propeller hören sich für sie an wie ein Bienenschwarm. Das Geräusch versetzt die Elefanten in zu große Angst. Deshalb müssen wir fahren. Wir müssen wirklich los, wenn wir rechtzeitig vor Einbruch der Dunkelheit ankommen wollen." Die Freunde sprangen an Bord und B-OB rollte auf seinen extrabreiten Reifen los.

# Vorsicht beim Campen

B-OB raste so schnell durch das Wildreservat, dass die Freunde kaum Gelegenheit hatten, sich die Gegend und die vielen Tiere anzusehen. Er sagte: „Tut mir leid, dass wir uns nicht mehr Zeit lassen können, aber wir müssen unbedingt vor Einbruch der Dunkelheit am *Xakanaxa*-Campingplatz ankommen. Es ist nämlich sehr gefährlich, hier im Dunkeln zu fahren. Da die Straßen nicht beleuchtet sind und häufig Tiere auf der Straße stehen, kommt es leicht zu Unfällen."

Er ergänzte: „Und hier im Nationalpark gibt es natürlich die vielen Raubtiere, die tagsüber meist schlafen und am liebsten nachts jagen."

Die Kinder hatten nach dieser Erklärung vollstes Verständnis für B-OBs Eile. „Sag mal, B-OB, hast du gerade gesagt, dass wir zu einem Campingplatz fahren?!", fragte Benni. „Der muss aber hohe Zäune haben, hier mitten in der Wildnis mit den ganzen Raubtieren."

B-OB lachte: „Na ja, um ehrlich zu sein, haben die Campingplätze in den Nationalparks hier überhaupt keine Zäune. Man muss schon vorsichtig sein und nach Einbruch der Dunkelheit in der Nähe eines Lagerfeuers oder im Zelt bleiben, wegen der Löwen. Und der Leoparden. Und natürlich der Hyänen.

Man sollte sein Zelt auch nicht auf einem Elefantenpfad aufschlagen, sonst könnte da schnell mal ein Elefant drauftreten. Ach ja, und morgens schaut man besser gut in seine Stiefel, bevor man sie anzieht, wegen der Skorpione."

Line und Benni waren sehr still geworden. Dann platzte es aus Line heraus: „Das klingt wundervoll! Dürfen wir hier auch mal im Zelt schlafen? Ich möchte das unbedingt machen! Wir achten natürlich auf alles, was du gerade gesagt hast!"

B-OB lachte: „Na, heute Nacht werdet ihr Gelegenheit dazu haben. Ihr habt die Zelte und Schlafsäcke beim Aufräumen ja gut verstaut. Aber langsam mache ich mir Sorgen. Es dämmert schon. Hoffentlich schaffen wir es rechtzeitig bis zum Campingplatz."

Plötzlich rief Thobo: „Seht mal dahinten! Da scheint sich noch jemand zu verspäten!" Tatsächlich stand etwas ab vom Weg, versteckt in einem Gebüsch, ein schmaler Geländewagen. Er war kaum sichtbar, da er in Tarnfarbe angestrichen war, und wirkte beinahe so, als ob er auf der Lauer läge. Benni sagte: „Wisst ihr was? Das Auto des Nashorns der Großen Fünf hatte ein Horn auf der Kühlerhaube. Das des Büffels Hörner. Ich würde mich nicht wundern, wenn dieses Auto Mafoi Thebo, der Leopardin, gehört."

Bonty sagte: „Ich glaube, du hast recht, Benni. Schaut mal auf das Nummernschild. Da steht ‚Big 5' – ‚Große Fünf'. Wenn wir uns hier im Busch verstecken würden, könnten wir sie sogar auf frischer Tat ertappen. Was meint ihr?"

B-OB meldete sich zu Wort: „Das ist zwar eine sehr gute Idee, aber ich möchte nicht riskieren, hier in die Dunkelheit zu geraten. Mafoi kann aus demselben Grund eigentlich auch nicht weiter. Ich würde vorschlagen, wir fahren zum Camp. Morgen früh, direkt bei Sonnenaufgang, kommen wir zurück und schauen, was die „Leopardin" im Schilde führt."

B-OBs Vorschlag gefiel den Kindern zwar nicht sonderlich gut, aber sie mussten einsehen, dass ihnen keine andere Wahl blieb. Die Gruppe kam gerade noch rechtzeitig am Campingplatz an. Die Sonne war bereits am Horizont verschwunden und die botswanische Dämmerung ist nur ganz kurz. Die Freunde saßen im Halbdunkeln in B-OBs Fahrerkabine und überlegten, ob sie nicht doch lieber in B-OB schlafen sollten, als plötzlich ein Geländewagen neben ihnen anhielt.

Es war eine sympathisch wirkende Familie. „MORRE MORRE!“, grüßte der Mann freundlich vom Beifahrersitz.* „Ich bin Henk und das ist Hélène, meine Frau. Meine Kinder hier heißen Reën und Jak. Wir haben gesehen, dass ihr gerade erst angekommen seid, und möchten euch warnen.

Im Gebüsch hinter eurem Zeltplatz versteckt sich eine Leoparden-Mama mit ihren zwei Jungen. Das ist sehr gefährlich, vor allem für die Kinder! Bleibt besser erstmal im Auto. Wir haben ein großes, sicheres Lagerfeuer gemacht und bereiten ein schönes *Braai* vor. Vielleicht habt ihr ja Lust, mit uns zu Abend zu essen. Ihr könnt euer Zelt auch gerne zur Sicherheit neben unserem aufschlagen.“

B-OB und die Kinder nahmen die Einladung dankbar an. Als sie am Platz ihrer Nachbarn angekommen waren, fragte Line die Familie: „Das ist aber wirklich nett von euch, dass ihr uns zum Abendessen einladet. Was für einen Brei habt ihr denn gekocht? Ich esse am liebsten Griesbrei!“

Henk schaute verdutzt, dann lachte er: „Oh, ich glaube, hier liegt ein kleines Missverständnis vor. Wir kommen aus Südafrika, dem Nachbarland Botswanas. Unsere Kinder haben gerade Winterferien und wir machen deshalb hier Urlaub.** Braai nennen wir bei uns in Südafrika das Grillen über offenem Feuer. Das hat hier im südlichen Afrika, also auch in Botswana, Tradition.“

Gemeinsam verbrachten die Freunde einen gemütlichen Abend am Lagerfeuer mit der netten südafrikanischen Familie. Für Line, die nicht so gerne Fleisch essen mochte, gab es leckere Blumenkohl-Steaks. B-OB erklärte Henk, warum sie in den Moremi-Park gekommen waren. Der sagte: „Nun, Leoparden haben wir nicht sonderlich viele gesehen. Eigentlich nur den im Gebüsch hinter eurem Zelt. Aber das war ein Prachtexemplar. Und die zwei kleinen Leoparden-Babys waren wirklich sehr süß.“

Line sagte: „Ich wette, Mafoi hat es auf diese Leoparden-Mama abgesehen. Morgen in aller Frühe fahren wir dieser Verbrecherin entgegen und sehen zu, dass sie nicht in die Nähe der armen Leopardin und ihren Babys kommt!“

*** Morre, Morre** (gesprochen ‚*Morre*‘ mit rollendem ‚r‘) ist *Afrikaans*, eine der Sprachen im Süden Afrikas. Es bedeutet so viel wie ‚Moin, Moin!‘

****** Ihr erinnert euch, in unserem Sommer ist ja Winter auf der Südhalbkugel. Mehr darüber erfahrt ihr auch in Band 3 ‚Die sieben Gauchos - Ein Abenteuer in Argentinien‘.

## Ein Riesenmist

Als Line, Benni, Bonty und Thobo sich am nächsten Morgen mit B-OB auf den Weg machten, um Mafoi abzufangen, waren Henk und seine Familie schon zu einer Safari aufgebrochen, um Tiere zu beobachten. Schnell waren die Freunde zu der Stelle zurückgefahren, an der sie am Abend zuvor Mafois Geländewagen entdeckt hatten.

Thobo rief: „Sie ist weg! Aber das ist doch unmöglich! Es gibt nur eine Straße, die vom Campingplatz hierher führt, und sie ist uns auf der ganzen Strecke nicht entgegengekommen."

B-OB wirkte nachdenklich: „Das kann nur zwei Dinge bedeuten. Entweder ist Mafoi zurück zum Ausgang gefahren, oder sie hat sich in der Nacht an das Lager herangeschlichen, um die Leopardin zu fangen. Das wäre zwar äußerst gefährlich, aber Mafoi ist eine sehr talentierte Wilddiebin. Sicher hat sie Erfahrung in der Nachtjagd."

Die Freunde diskutierten eine Weile, wohin sie weiterfahren sollten, bis Bonty schließlich sagte: „Es ist völlig egal, in welche Richtung es geht. Hauptsache ist doch, dass wir keine Zeit mehr verlieren. Lasst uns zurück zum Zeltplatz fahren. Wir wissen zumindest, dass dort die Leopardin mit ihren Jungen war!" Alle waren sich einig, dass dies das Vernünftigste war.

Erneut donnerte B-OB auf seinen Geländereifen durch den Moremi-Nationalpark, als Line plötzlich rief: „Dort unten am Fluss sehe ich einen Geländewagen! Das muss Mafoi sein! Endlich haben wir sie!"

B-OB rollte vorsichtig zum Ufer, doch bei genauerem Hinsehen wurde ihnen klar, dass Line sich geirrt hatte. Trotzdem kannten die Freunde das Auto. „Das ist ja Henk mit seiner Familie!", flüsterte Benni. Die Insassen befanden sich in schrecklicher Gefahr.

Eine Herde Flusspferde graste um sie herum. Was auf den ersten Blick gemütlich aussah, war in Wirklichkeit sehr gefährlich. Das Problem war, dass die Familie zwischen dem Wasser und den Flusspferden gefangen war.

B-OB sagte: „Das ist gar nicht gut. Wenn Flusspferde das Gefühl haben, dass man ihnen den Zugang zum Wasser abschneidet, können sie sehr aggressiv werden. Sie können dann vor Wut sogar Autos umwerfen. Wir müssen der Familie helfen. Nur wie...? Hier im Moremi-Wildreservat können wir schlecht wieder so einen Lärm machen wie in der Khama Nashorn-Auffangstation. Das würde die Tiere hier zu sehr erschrecken, weil sie keine Menschen gewöhnt sind."

Thobo meldete sich zögernd zu Wort: „Ähm. Ich hätte eine Idee, aber sie ist etwas ungewöhnlich. Ich weiß von Flusspferden, dass sie ihre Kräfte auf ziemlich spezielle Art messen. Ach, vergesst es. Das ist wirklich zu bekloppt." Die anderen Freunde ermunterten Thobo, seinen Plan zu erklären. Benni sagte: „Hör mal, ich habe mal eine Bergziege mit einer Tüte Salbeibonbons angelockt.* Bekloppter als das kann deine Idee doch kaum sein."

Ermutigt durch die freundlichen Worte fuhr Thobo fort: „Na ja, Flusspferde sind sehr beeindruckt von der Größe des Kacka-Haufens ihrer Artgenossen. Wenn das Kacka eines Konkurrenten zu groß ist, dann suchen sie das Weite.

*Nachzulesen in Band 1 von B-OB Coddiwomple und die Weltenbummler Kids ‚Nie ohne Seife waschen - Ein Abenteuer in Deutschland'.

Schaut euch mal um. Hier liegen überall Flusspferd-Haufen am Ufer herum. Wenn wir einen großen Berg zusammentragen, denken die Flusspferde vielleicht, dass das furchterregendste Monster-Flusspferd aller Zeiten gekommen ist, und suchen das Weite."

Line, Bonty, Benni und B-OB schauten Thobo an, ohne etwas zu sagen. Dann blinzelte Benni und antwortete: „Ach, vielleicht war meine Salbeibonbon-Idee damals doch nicht so bekloppt, wie ich dachte."

Line grinste und sagte: „Ich finde die Idee ziemlich lustig. Aber wie schaffen wir es, so viel Kacka zusammenzutragen, ohne dass die Flusspferde uns bemerken?"

Auch darauf hatte Thobo eine Antwort. Er sammelte Büschel, Äste und Blätter aus der Umgebung und tarnte erst die anderen Kinder und dann sich selbst so gut, dass sie aussahen wie kleine Gebüsche auf Beinen.

Dann holte er aus B-OBs Innerem einige Mistgabeln und Spaten und die vier lebenden „Büsche" gingen an die Arbeit. Leise und vorsichtig trugen die Kinder die Flusspferd-Haufen aus ihrem Umkreis zusammen und formten einen gigantischen Berg aus Kacka.

In der Zwischenzeit hielt sich B-OB bereit, um die Flusspferde im Notfall doch noch durch Lärm abzulenken. Als sie fertig waren, betrachteten die Kinder zufrieden ihr Werk. Bonty sagte: „Na, wenn das nicht mal ein imposanter Haufen ist. Jetzt müssen wir nur noch die Flusspferde dazu bekommen, ihn zu bemerken."

Wieder war es Thobo, der eine Lösung parat hatte. Er schickte die Freunde zurück zu B-OB und legte seine Hände an den Mund. Er rief mit rauer Stimme: „Hohohohoho".

Line flüsterte B-OB zu: „Warum lacht denn Thobo? Ist er so zufrieden mit dem Kacka? Und erschreckt er damit nicht die Tiere?" B-OB schmunzelte: „Nein, nein. Er ruft die Flusspferde. So ungefähr hört sich der aggressive Ruf der Tiere an. Schaut nur, sie reagieren."

Tatsächlich schauten die Dickhäuter von ihrem Mittagsmahl hoch zu Thobo, der still in seinem Busch versteckt blieb. Die ersten Tiere liefen auf ihn zu, blieben aber sofort stehen, als sie den riesigen Haufen erblickten.

Sie waren offensichtlich sehr beeindruckt, da sie leise und schnell den Rückzug antraten. Im Nu suchten sämtliche Flusspferde das Weite, sodass Henk und seine Familie sich endlich zurückziehen konnten. Sie bedankten sich herzlich für die ungewöhnliche Rettung und waren erleichtert wieder frei zu sein.

Henk sagte: „Gut, dass wir euch endlich sehen. Wir waren gerade auf dem Weg zu euch, als wir plötzlich von Flusspferden umgeben waren. Auf unserer Safari kam uns ein fremder Geländewagen entgegen. Er sah genau so aus, wie ihr ihn beschrieben hattet. Ich hoffe, die Leopardin und ihre Jungen sind noch in Sicherheit."

Die Freunde eilten zurück zum Xakanaxa-Campingplatz, doch als sie ankamen, trafen sie an ihrem Zeltplatz eine Rangerin, die aufgeregt in ihr Funkgerät sprach. Als die Freunde sie fragten, was passiert sei, erzählte sie:

„Wir drehten hier gerade unsere Kontrollrunde, als wir einen sehr gut getarnten Geländewagen entdeckten. Als wir die Fahrerin zur Rede stellen wollten, raste sie davon. Sie hatte einen Käfig auf der Ladefläche, in dem wir noch unsere Leopardin mit ihren Jungen erkennen konnten. Leider ist die Frau mit ihrem Geländewagen jetzt spurlos verschwunden."

Line konnte es nicht fassen: „Nicht schon wieder!", rief sie. „Wir müssen es doch endlich mal schaffen, einen dieser Ganoven zu fangen. So langsam gehen uns die Ideen aus!"

„Nicht ganz", antwortete B-OB. „Wo wir schon hier sind, bin ich mir fast sicher, dass das nächste Ziel der Großen Fünf die *Kalahari*-Wüste ist. Es gibt kaum einen Ort der Welt, in dem mehr Löwen zu finden sind als dort. Vielleicht haben wir diesmal Glück und schaffen es, Setshaba, den Kopf der Bande, zu fangen."

Die Kinder schöpften erneut Mut. Sie verabschiedeten sich von ihren neuen südafrikanischen Freunden und sprangen in B-OBs Fahrerkabine. Der entfaltete seine Flügel mit dem berühmten **WUUUSSSCCCHHH** und weiter ging die Reise in die Kalahari-Wüste.

# Löwe im Netz

Wieder dröhnten B-OBs Motoren hoch über Botswana. B-OB rief den Freunden zu: „Die Kalahari ist eines der größten Wildreservate Afrikas. Drei Länder teilen sich dieses Gebiet: Botswana, Namibia und Südafrika. Obwohl dies einer der trockensten Orte der Welt ist, leben hier besonders viele Raubtiere und vor allem Löwen."

Die Kinder schauten aus dem Fenster. Unter ihnen wurde die Buschlandschaft immer lichter, bis sie schließlich über eine endlose, trockene Savanne nur aus Gras und hin und wieder einem Baum flogen. Immer wieder sahen sie grasende Herden von Zebras und Gnus. Hier und da waren sogar Touristen-Camps zu sehen. Von dort wurden die Besucher in offenen Geländewagen in die Kalahari gefahren, um Tiere zu beobachten.

B-OB erklärte den Kindern: „Als Erstes versuchen wir unser Glück bei den sogenannten „Deception Pans".* Das ist eine der besten Gegenden in der Kalahari, um die berühmten schwarzmähnigen Löwen zu sehen." Doch B-OB musste gar nicht mehr weit fliegen, als Benni rief: „Schaut mal da unten! Da passiert etwas!" Tatsächlich geschah unter den Freunden etwas ganz Schreckliches.

Ein gewaltiger Löwe hetzte, so schnell er konnte, über die Savanne. Hinter ihm jagte ein dunkler Geländewagen her. Line rief: „Das ist Setshaba, der Löwe! Wir ertappen ihn gerade auf frischer Tat! Wir müssen ihn aufhalten, aber wie?" Während B-OB die Jagd aus der Luft verfolgte, näherte sich Setshaba seinem Opfer. Plötzlich feuerte er aus seinem Geländewagen eine kleine Kanone ab.

Aus dem Geschoss entfaltete sich ein metallenes Netz, das sich über dem fliehenden Löwen ausbreitete und ihn einwickelte. Der Löwe stürzte zu Boden. Je mehr er sich wehrte, desto enger schnürte ihn das Netz ein. Setshaba stieg aus seinem Auto und ging auf das nun wehrlose Tier zu.



*** Deception Pans** (gesprochen *‚Disseptschen Päns'*)

Line schüttelte sich vor Wut. Sie rief: „B-OB, wir müssen jetzt sofort etwas tun. Und wenn wir auf dem Kopf von diesem miesen Bösewicht landen und ihn so fangen!“ B-OB stimmte ihr zu, sagte aber: „Ich habe eine bessere Idee. Wie wäre es, wenn wir ihm seine fiesen Jagdmethoden heimzahlen? Ich habe noch ein paar Überraschungen an Bord, von denen ihr Kinder noch nichts wisst. Haltet euch gut fest!“

Ohne zu zögern, stürzte sich B-OB hoch aus der Luft in Richtung Boden. Die Kinder klammerten sich an das Armaturenbrett, als B-OB knapp über Setshaba hinweg raste und im letzten Augenblick wieder nach oben lenkte. Setshaba wusste nicht, wie ihm geschah, als ihm aus B-OBs Unterbau selbst ein Fangnetz übergeworfen wurde. Der Anführer der Großen Fünf wurde auf dieselbe Art und Weise eingewickelt wie sein eigenes Opfer. Die Kinder jubelten. Benni rief: „B-OB! Du bist wirklich immer für eine Überraschung gut!“

Die Freunde landeten neben Setshaba. „Endlich haben wir einen von euch auf frischer Tat ertappt!“, rief Bonty. „Wir bringen dich zur Polizei nach Gaborone und dann ist es aus mit den Großen Fünf!“

Der Wilddieb starrte B-OB und die Kinder finster an. Er knurrte: „Wenn das nicht die Hässlichen Fünf sind. Ich hätte euch Kleinkinder nicht derart unterschätzen dürfen. Ihr werdet allerdings nie ein Geständnis aus mir herausbekommen. Wenn mich jemand fragt, habe ich hier einfach nur Campingurlaub gemacht.“

Da ertönte hinter den Kindern eine andere, nicht unbekannte Stimme: „Das wird bei so vielen Zeugen allerdings schwer zu erklären sein.“

Die Freunde drehten sich erschrocken um. Vor ihnen stand zu ihrem Erstaunen mal wieder Sir Alexander Cunningham. Er fuhr fort: „Botswana ist tatsächlich ein kleineres Land, als man meinen möchte. Ich war gerade auf dem Weg nach Südafrika, als ich dich aus der Luft herunterstürzen sah, B-OB."

Er zeigte hinter sich auf sein Transportflugzeug. „Also habe ich eines meiner berühmten waghalsigen Landemanöver hier auf der flachen Savanne durchgeführt, um zu sehen, ob ihr Hilfe braucht. Dass euch aber eine so große Beute wie der Anführer der Großen Fünf ins Netz gegangen ist, hätte ich natürlich nicht erwartet."

B-OB antwortete Sir Alex: „Was für ein großartiger Zufall, Sie hier wiederzutreffen. Sie kommen tatsächlich wie gerufen. Wir müssen Setshaba nach Gaborone schaffen, damit die Polizei ein Geständnis aus ihm herausbekommt. Leider habe ich in meinem Inneren keinen Käfig für Gefangenentransporte. Wäre es Ihnen vielleicht möglich, uns mit ihrem Frachtflugzeug auszuhelfen?"

Sir Alex war sofort einverstanden: „Aber natürlich helfe ich euch! Es ist eine Schande, was Tunichtgute wie die Großen Fünf für einen Schaden an der Tierwelt anrichten. Ich würde vorschlagen, wir lassen diesen Verbrecher auf dem Weg nach Gaborone gleich im Netz. Dann kann die Polizei ihn direkt am Flughafen einsammeln." Die Freunde willigten gerne ein und halfen, Setshaba an Bord des Transportflugzeuges zu schaffen. Dort befestigten sie das Netz, in dem der Wilddieb steckte, an zwei Haken in der Wand.

Line sagte: „So, ich fliege bei Ihnen mit, Sir Alex. Dann riskieren wir nicht, dass sich Setshaba am Ende noch befreit und Sie entführt." Noch bevor der alte Pilot protestieren konnte, meldete sich auch Thobo: „Und ich komme auch mit! Dann fliegen Line und ich bei Sir Alex mit und Bonty mit Benni bei B-OB." B-OB stimmte zu: „Das passt doch perfekt. Dann könnt ihr schon mal losfliegen und Bonty und Benni helfen mir noch schnell, den Löwen vorsichtig aus dem Netz zu befreien. Dann holen wir euch gleich in der Luft ein."

## Falsche Richtung

Bonty, Benni und B-OB sahen dem davonfliegenden Flugzeug hinterher, als B-OB etwas Merkwürdiges auffiel: „Sagt mal, Gaborone liegt doch von hier aus gesehen im Süd-Osten, oder? Warum fliegt Sir Alex denn dann in Richtung Nord-Westen? Das ist ja die völlig falsche Richtung...."

Bonty wurde misstrauisch. „Das ist aber komisch. Er müsste doch den richtigen Kurs kennen." Sie grübelte laut vor sich hin: „Wenn ich es mir so recht überlege, warum ist er uns eigentlich so häufig über den Weg gelaufen? Er hat dauernd wiederholt, wie klein Botswana doch ist, aber in Wirklichkeit ist es ein großes Land." Benni ergänzte: „Und er ist auch immer genau dort aufgetaucht, wo gerade eines der Tiere verschwunden ist und einer der Großen Fünf seine Finger im Spiel hatte. Das kann doch kein Zufall sein...."

Bonty fuhr fort: „Ihr habt doch sein Frachtflugzeug gesehen. Das war ganz schön groß. Da würde sogar ein Nashorn oder ein paar Elefanten reinpassen, meint ihr nicht?"

B-OB wurde nervös: „Aber, wenn ihr recht habt, steckt Sir Alex ja mit den Großen Fünf unter einer Decke. Was ist denn dann mit Line und Thobo?! Dann schweben sie ja in Gefahr!"

Bonty schluckte schwer. Sie sagte: „Das kann doch nicht wahr sein. Wie sollen wir denn jetzt unsere besten Freunde wiederfinden? Ich habe einen großen Fehler gemacht! Ich dachte, ich wäre eine so schlaue Detektivin, aber vielleicht hatten die Polizistinnen in Gaborone recht. Ich bin einfach nur ein Kind und sollte die Erwachsenen ihre Arbeit machen lassen."

Benni versuchte, seine neue Freundin zu beruhigen: „Aber Bonty, wir haben doch alle unser Bestes gegeben, um die Großen Fünf zu fangen. Und wir waren so nah dran, näher als es die Polizei jemals war! Außerdem muss ich gestehen, mir tun die Großen Fünf etwas leid. Ich wäre nicht gerne derjenige, der Line entführt. Sie weiß sich nämlich zu helfen."

Doch Bonty war noch immer aufgebracht: „Aber wir waren eben nur nah dran. Sie sind uns immer wieder entwischt. Und jetzt sind Thobo und Line verschwunden. Wie sollen wir sie denn jemals wiederfinden?"

Wieder erklang eine Stimme hinter der kleinen Gruppe: „Ich glaube, ich kann euch sagen, wo das Flugzeug hingeflogen ist."

Die Freunde drehten sich erstaunt um. Vor ihnen standen eine junge Frau und ein Mann. Sie waren einfach gekleidet und lächelten Bonty, Thobo und B-OB an. Bonty fragte: „Wo seid ihr denn hergekommen? Ich habe ja gar kein Auto gehört." Die Frau antwortete: „Nein, wir sind zu Fuß unterwegs. Mein Name ist Xisa und mein Freund heißt Xixo."* B-OB stellte sich und die Kinder vor. Dann fragte er: „Ihr gehört doch zum Volk der *San*, oder? Da kennt ihr euch doch sicher bestens in der Kalahari aus."

Benni sagte: „Volk der San? Das habe ich ja noch nie gehört. Lebt ihr hier in der Nähe?" Xixo antwortete: „Ja. Wir sind ursprüngliche Einwohner der Gegend hier im südlichen Afrika. Früher sind unsere Stämme durch die Kalahari gezogen und haben von dem gelebt, was sie in der Natur finden konnten.

Heute leben die meisten von uns allerdings in der modernen Zivilisation. Wir sind Touristen-Führer hier im Nationalpark und haben gesehen, dass jemand unerlaubt jagte. Wir wollten gerade nach dem Rechten schauen, als wir euch gefunden haben."

* Ihr habt Glück. Diese beiden Namen lassen sich so aussprechen, wie sie geschrieben werden. Die San sprechen nämlich die Khoisan-Sprache. Das ist eine der schwersten Sprachen der Welt. Sie enthält viele Klick- und Schnalzlaute, die für die meisten Menschen kaum auszusprechen sind.

B-OB fragte: „Ihr habt vorhin gesagt, ihr wüsstet, wo das Flugzeug hingeflogen ist. Wir müssen dringend zu unseren Freunden. Könnt ihr uns helfen?“

Xisa antwortete: „Wir haben dieses Flugzeug schon häufiger gesehen. Immer fliegt es von hier in dieselbe Richtung. Wir haben von Verwandten in den Tsodilo Hills im Nord-Westen Botswanas gehört, dass hinter den Hügeln seit Neuestem Ungewöhnliches passiert. Ein fremdes Flugzeug startet und landet dort regelmäßig. Ich könnte mir vorstellen, dass eure Freunde dorthin gebracht wurden.“

B-OB sagte: „Dann ist das unsere Chance! Wir müssen Line und Thobo retten. Und wenn wir alles richtig machen, können wir sogar die Tiere befreien und den Großen Fünf endgültig das Handwerk legen.“

Bonty widersprach: „Aber wie soll das denn gehen? Wir kleinen Kinder haben erst einen einzigen dieser Banditen gefangen und der ist schon wieder auf freiem Fuß! Immer kamen wir zu spät! Lasst uns sofort die Polizei informieren. Dann kann die nach Tsodilo Hills fahren und Thobo und Line befreien!“

B-OB traute seinen Ohren kaum: „Kleine Kinder?! Ihr seid ein paar der klügsten Menschen, die ich bisher kennengelernt habe. Ihr hattet immer den richtigen Riecher, wenn es darum ging, den nächsten Tatort der Großen Fünf zu finden. Ganz nebenbei habt ihr dann auch noch Touristen gerettet, euren Weg in der Wüste gefunden und ein Elefantenbaby geborgen. Ich würde sagen, das ist mehr, als so mancher Erwachsener hinbekommt!“

Bontys Miene hellte sich etwas auf: „Meinst du das wirklich ernst? Na, du hast schon recht, wir haben ganz schön viel geschafft. Dann lasst uns aufhören, hier Zeit zu verschwenden. Wir müssen unsere Freunde und viele Tiere befreien!“

B-OB entfaltete wieder seine Flügel mit dem lauten **WUUUUUSSSSCCCCCHHHH**. Er und die Kinder verabschiedeten sich von Xisa und Xixo und sie machten sich auf den Weg in den Nord-Westen von Botswana.

## Chaos bei den Großen Fünf

Um über dem Motorenlärm gehört zu werden, rief Benni: „Was sind eigentlich diese Tsodilo Hills? Ich dachte, in Botswana gäbe es keine Berge!"

B-OB antwortete: „Das stimmt auch, Botswana ist das viertflachste Land der Welt, aber die Tsodilo Hills sind vier Hügel, die mitten aus dem Nichts herausragen. Daher wirken sie höher, als sie eigentlich sind. Das wirklich Besondere daran sind die vielen uralten Felsmalereien. Hier haben vor ungefähr 20.000 Jahren die Vorfahren der San Tiere, Formen und sich selber mit über 4.000 Bildern an den Felsen verewigt. Diese Malereien kann man bis heute noch sehen."

B-OB fuhr fort: „Ich hoffe, dass die Großen Fünf nicht zu viel Unruhe in die Tsodilo Hills tragen. Die sind nämlich eine heilige Stätte für die San. Es wäre äußerst rücksichtslos, wenn sie diese Gegend für ihren Tierdiebstahl missbrauchen würden."

Nach langem Flug über die endlosen Weiten Botswanas ragten die Tsodilo Hills wie mächtige Berge aus der Erde. B-OB erklärte: „Da vorne seht ihr die vier Hügel. Die San haben ihnen die Namen ‚der Mann', ‚die Frau' und ‚das Kind' gegeben. Der vierte Hügel ist namenlos.

Jetzt müssen wir aber landen und uns vorsichtig den Hügeln nähern, um nicht entdeckt zu werden. Haltet die Augen nach Ungewöhnlichem auf!"

B-OB hatte den Allrad-Modus eingeschaltet und rollte lautlos um die Hügel herum. Bonty und Benni hielten in alle Richtungen Ausschau nach verdächtigen Aktivitäten. Schließlich wurden sie am kleinsten der vier Hügel fündig. Hinter dem Hügel, versteckt vor neugierigen Blicken, sahen sie ein Camp, das an einer improvisierten Lande- und Startbahn aufgebaut war. Das Rollfeld bestand nur aus festgestampfter Erde. Darum herum standen mehrere Container und Käfige, in denen Tiere aller Art gefangen gehalten waren.

B-OB flüsterte den Kindern zu: „Ich sehe keine Spur von Line und Thobo. Hoffentlich sind sie nicht in einem der Käfige eingesperrt. Wenn wir unsere Freunde befreien und die Großen Fünf hinter Schloss und Riegel bringen wollen, müssen wir uns unauffällig anschleichen."
B-OB hatte gerade zu Ende gesprochen, als in dem Lager das komplette Chaos ausbrach. Einer der großen Container-Käfige öffnete sich und eine Herde Impalas strömte auf das Rollfeld hinaus. Sirenen heulten auf. B-OB flüsterte: „Da vorne! Seht ihr die beiden Gestalten, die hinter den Containern herumschleichen? Das sind doch Line und Thobo! Was haben die beiden nur vor?"

Die Freunde beobachteten das Geschehen auf dem Flugplatz. Rotlhe, das Nashorn der Großen Fünf, kam in seinem dunkelgrauen Geländewagen angefahren. Er wollte die Situation unter Kontrolle bringen, doch er war in der Falle.

Line und Thobo kurbelten so schnell sie konnten ein Käfig-Gatter nach dem anderen hoch und befreiten die Tiere darin. Als Rotlhe um die Ecke bog, stampften ihm drei wütende Nashörner entgegen. Der Verbrecher konnte gerade noch rechtzeitig Gas geben, bevor er gerammt worden wäre. Er raste vor den drei Dickhäutern her auf das Rollfeld. Im Scheinwerferlicht des Flugplatzes drehte Rotlhe nun, verfolgt von den Nashörnern, seine Runden.

B-OB nutzte die Gelegenheit und flitzte mit Bonty und Benni an Bord ungesehen hinter den Container, auf dem Line und Thobo sich versteckten. Die beiden Kinder sprangen zu den anderen herunter: „Hallo Freunde!", rief Line. „Wie habt ihr uns nur so schnell gefunden?! Toll, dass ihr da seid! Wir sind gerade dabei, den Laden hier so richtig aufzumischen. Wir können eure Hilfe gut gebrauchen!"

B-OB lachte: „Ihr seid wirklich unglaublich! Wie habt ihr es denn geschafft, euch zu befreien? Und wie ist es euch überhaupt ergangen, seitdem wir uns getrennt haben?"

Thobo erklärte seinen Freunden, was in Sir Alex' Flugzeug passiert war: „Nun, wir haben natürlich sehr schnell gemerkt, dass etwas nicht stimmen konnte. Ein Hinweis war, dass Sir Alex, sofort nachdem wir in der Luft waren, den Autopiloten eingeschaltet und Setshaba aus seinem Netz befreit hat. Dann sperrten uns die beiden Verbrecher in einen der Käfige und flogen mit uns hierher. Zum Glück haben sie dann nicht besonders gut auf uns aufgepasst." Thobo hielt ein Stück Draht hoch: „Und bessere Schlösser an ihren Käfigen bräuchten sie auch. Wir konnten uns ziemlich schnell selbst befreien", grinste er.

Diesmal war es B-OB, der vor Wut kochte: „Ooh diese Banditen. So etwas mit Kindern anzustellen. Wenn ich die erwische!" Line sagte: „Ja, das war wirklich blöd, aber immerhin versprach uns Sir Alex, dass er uns wieder freilassen würde, sobald die Großen Fünf die Tiere hier weggeschafft hätten. Übrigens ist er der mysteriöse Käufer der vielen Tiere. Er liebt Tiere so sehr, dass er sich zuhause einen privaten Zoo gebaut hat. Er will sie nur für sich haben, um sie den ganzen Tag anschauen zu können."

Bonty konnte es kaum fassen: „Und dafür sperrt dieser Typ einfach die armen Tiere ein. Wir müssen sie befreien! Wo wir schon mal hier sind, sollten wir auch zu Ende bringen, was ihr angefangen habt."

BIG 5

Sie schaute zu dem im Kreis rasenden Geländewagen, der noch immer von den Nashörnern verfolgt wurde: „Rotlhe scheint fürs Erste außer Gefecht gesetzt zu sein. Wie wäre es, wenn wir noch weitere Käfige öffnen und den Rest der Großen Fünf herauslocken?“ Die Freunde stimmten zu und kletterten auf die Container und Käfige.

Gemeinsam rollten sie ein Gatter nach dem anderen hoch. Strauße, Zebras und Antilopen sprangen davon und veranstalteten ein wunderbares Durcheinander. B-OB rief: „Herrlich, wie die ihre Freiheit genießen!“

Der Plan der Kinder ging auf. Zwei weitere der Banditen tauchten auf. Bontle Botlhe, die Elefantin, rollte in einem gigantischen grauen Transporter aus dem Hauptquartier. Hinter ihr, mit den Hörnern auf der Kühlerhaube, folgte ihr Moabi Tuelo, der Büffel.

Während die Kinder auf den Dächern der Container-Käfige versteckt lagen, rollte B-OB auf das Rollfeld hinaus, mitten ins Scheinwerferlicht. Um ihn herum flohen die Tiere in die Freiheit, aber Moabi hatte B-OB bereits entdeckt.

Der Büffel ließ den Motor aufheulen, als er auf B-OB zuraste. Doch er hatte nicht mit der Findigkeit des alten Wohnmobiles gerechnet. B-OB flitzte wie von einem Gummiband abgeschossen los und steuerte schnurstracks auf zwei riesige Container zu. Im letzten Augenblick, bevor er in einer Lücke zwischen den beiden Käfigen verschwand, schrie er den Kindern zu: „JETZT! KÄFIGE AUF!“

Benni und Bonty auf dem einen und Line und Thobo auf dem anderen Käfig ließen blitzschnell die Tore auffallen. Als Moabi sah, welche Tiere sich in den Käfigen befanden, legte er eine Vollbremsung hin.

Mehrere massive Büffel standen wutschnaubend in den nun offenen Toren. Sie nahmen Anlauf, um Moabi Tuelo zu zeigen, was es bedeutet, sich mit Mitgliedern der echten Großen Fünf anzulegen. Die Tiere donnerten auf den rückwärts rasenden Geländewagen zu, doch er hatte keine Chance, mit dem Auto davonzufahren.

Moabi konnte sich gerade noch auf einem der Käfige in Sicherheit bringen, bevor die schwarzen Riesen das Auto von allen Seiten rammten. Sie kippten es um und rollten den Geländewagen vor sich her. Der Gauner selber saß auf dem Käfig fest und wartete auf Hilfe, während einige Büffel ihn belagerten.

In der Zwischenzeit versuchte Bontle Botlhe, die Elefantin der Großen Fünf, mit Hilfe ihres Riesen-Transporters so viele der entflohenen Tiere wie möglich zurück in die Käfige zu treiben. Vor allem die ängstlichen Antilopen konnten dem großen LKW nicht entkommen.

Line rief: „Wir sind zu klein! Gegen so ein Monster von einem Laster kommen wir nicht an!"
Da hatte Thobo eine Idee: „Wenn wir zu klein sind, brauchen wir vielleicht größere Unterstützung! Ich habe vorhin etwas gesehen, das uns bestimmt helfen kann.
B-OB, mir nach!"

Gemeinsam rasten die Freunde zu einer großen Halle am Ende des Rollfeldes. B-OB hörte schon von weitem lautes Trompeten. „Oh!", sagte B-OB. „Die haben garantiert die richtige Größe." Thobo lächelte, als er absprang, um die Tore zur Halle zu öffnen. „Ich glaube, das ist die Elefantenherde, die im Chobe-Nationalpark gestohlen wurde. Ich könnte mir vorstellen, die haben sowieso noch ein Hühnchen mit den Großen Fünf zu rupfen."

Sobald die Tore auf waren, sprang Thobo zurück in B-OBs Fahrerkabine und sie brausten davon. Die Elefanten erinnerten sich sofort an Bontle Botlhes großes Geländeauto. Die Ohren der grauen Giganten wackelten bedrohlich vor und zurück - ein Warnsignal wütender Elefanten - während sie auf den Geländewagen zustampften.

Bontle war so sehr mit der Jagd auf die kleinen Antilopen beschäftigt, dass sie die Elefanten erst im letzten Augenblick bemerkte.

Sie schaffte es gerade noch, aus ihrem Laster zu springen, bevor die Elefanten mit ihren massigen Köpfen Schrott daraus machten. Bontle rettete sich vor den langen Rüsseln auf einen Lichtmast. Da hing sie nun, belagert von ihren Namensvettern und außer Gefecht.

Die Kinder jubelten und liefen zur nächsten Käfigreihe, um noch mehr Tiere zu befreien. Sie wollten gerade auf die Käfige klettern, um die Gatter hochzulassen, als eine wohlbekannte Stimme ertönte:

„Schon wieder die Hässlichen Fünf. Ich muss gestehen, so langsam habe ich genug von euch. Wenn ihr mir mein Geschäft ruiniert, muss ich eingreifen!", knurrte Setshaba Modise. Doch diesmal war er nicht alleine.

Neben ihm standen Mafoi Thebo, die Leopardin, und Sir Alex. Setshaba fuhr fort: „Ich sage euch, was wir jetzt machen. Ihr zieht euch still und leise zurück und lasst uns hier das Chaos beseitigen, das ihr verursacht habt. Dann lassen wir Sir Alex mit seinen Tieren davonfliegen und alle sind zufrieden."

Bonty wiederholte: „Alle sind zufrieden? Wir sicher nicht! Und die armen Tiere, die ihr entführt habt, auch nicht!" Sie wandte sich an Sir Alex: „Warum denken Sie denn nur an sich selbst?! Sie reißen wilde Tiere aus ihrer Umgebung, nur um bei sich zuhause ein bisschen Zoodirektor spielen zu können!"

Sir Alex lächelte dünn: „Nun, bei mir werden sie es besser haben als in der Wildnis. Niemand, der sie jagt! Jeden Tag genügend zu fressen! Und das Wichtigste, ich kann mir endlich den Traum von meinem eigenen Zoo erfüllen. Ich werde die Tiere nur für mich haben und sie den ganzen Tag anschauen können. Es wird wunderbar! Und nun schert euch zur Seite und lasst die Erwachsenen ihre Arbeit machen."

Line zischte: „Dazu müsst ihr erstmal an uns vorbei. Solange wir hier sind, wird aus Botswana kein Tier entführt." Setshaba lachte, als er, gefolgt von Mafoi, auf die Kinder zuging: „Ich muss sagen, es wird mir ein echtes Vergnügen sein, euch kleinen Störenfrieden zu zeigen, wer hier das Sagen hat."

Aber die beiden Letzten der Großen Fünf kamen nicht weit.

In Windeseile kletterten die vier Kinder auf die nächsten Käfige und öffneten die Gatter. Echte Löwen und Leoparden schlichen in die Freiheit. Ihre gelben Augen leuchteten in der Sonne des späten Nachmittags, als sie die drei Tierdiebe entdeckten.

Sir Alex, der einige Schritte hinter Setshaba und Mafoi gestanden hatte, rannte davon und ließ die beiden im Stich.* Vor lauter Verzweiflung retteten sich die Verbrecher in leere Käfige und zogen die Gatter herunter. Die befreiten Raubkatzen rochen an den Banditen und kratzten an den Käfigstangen, aber Setshaba und Mafoi saßen sicher in ihren Käfigen.

Die Kinder waren in der Zwischenzeit auf B-OBs Dach geklettert. Thobo rief: „Da seht ihr endlich mal, wie es ist, im Käfig zu sitzen und Angst zu haben. Das fühlt sich nicht besonders gut an, oder?“

* Sir Alex hatte Glück, dass Setshaba und Maphoi zwischen ihm und den Raubtieren standen. Eigentlich ist es sehr gefährlich, vor Raubtieren davonzurennen. Das weckt ihren Jagdinstinkt. Es ist das Beste, sich so groß wie möglich zu machen und Ruhe zu bewahren. Leichter gesagt als getan.. Noch besser ist es, Raubtieren in freier Wildbahn nie zu Fuß zu begegnen.

Setshaba knurrte zurück: „Ich kann es nicht fassen! Überlistet von den Hässlichen Fünf. Ausgerechnet ein paar Kinder und ein altes Wohnmobil legen uns rein."

B-OB lachte: „Tja, manchmal trügt der Schein. Es ist egal, wie groß oder klein man ist. Jedes Tier und jeder Mensch hat seine Stärken und Schwächen. Ihr nennt euch die Großen Fünf, was auch gut zu euch passt. Nur, dass ihr nicht die guten Eigenschaften dieser wunderbaren Tiere verkörpert, sondern nur die negativen Seiten darstellt.

Ein Löwe ist eben nicht nur der mutige König der Tiere, sondern auch arrogant und träge, so wie du, sonst hättest du uns nicht so unterschätzt! Das Nashorn und der Büffel sind nicht nur stark, sondern auch jähzornig. Außerdem sind sie nicht sonderlich klug, so wie deine Gehilfen, die ohne nachzudenken in unsere Fallen getappt sind.

Bontle nennt sich die Elefantin. Elefanten werden eigentlich keine schlechten Eigenschaften nachgesagt. Sie gelten als sehr schlau, aber Bontle merkte noch nicht einmal etwas, als sie von einer ganzen Herde echter Elefanten umzingelt war.

Und der Leopard ist nicht nur ein wunderschöner und geschickter Jäger, sondern gleichzeitig ein Einzelgänger, der nicht gut mit anderen auskommt. So wie Mafoi, die erst aus eurem Lager kam, als ihr schon gefangen wart, anstatt euch zu helfen."

B-OB fuhr fort: „Gleichzeitig hast du völlig übersehen, was für tolle Eigenschaften die Hässlichen Fünf neben ihrem Äußeren noch besitzen.

Der Marabu zum Beispiel ist einer der intelligentesten Vögel, die es gibt. Er erinnert mich an Benni, dem im Khama-Nashorn-Gehege sofort eine Lösung einfiel, um die Touristen zu retten.

Das Warzenschwein ist völlig furchtlos und greift sogar Löwen an, um seine Familie zu verteidigen. Das erinnert mich an Thobo, der mit seiner genialen Idee mutig Flusspferde vertrieben hat.

Das Gnu ist ein Meister der Orientierung und kann Regen und Gewitter kilometerweit wittern. Bonty fand sich mitten in der Wüste zurecht, indem sie den Sternenhimmel als Kompass benutzte.

Hyänen sind unglaublich gut darin, im Team zu arbeiten, genau wie Line, die uns alle in Bewegung setzte, um ein Elefantenbaby zu retten. Und der Geier, na, der Geier ist ein sehr geduldiger Vogel ..."

Line unterbrach ihren alten Freund: „So wie B-OB! Er hat uns so lange Mut gemacht, bis wir euch endlich gefunden hatten! Die Hässlichen Fünf sind eigentlich gar kein so schlechter Vergleich. Danke für den passenden Namen, Setshaba!"

Setshaba blickte sie sprachlos an, als Motorenlärm die Freunde aufschreckte.
Es war Sir Alex, der zu seinem Flugzeug gerannt war und nun versuchte zu fliehen.

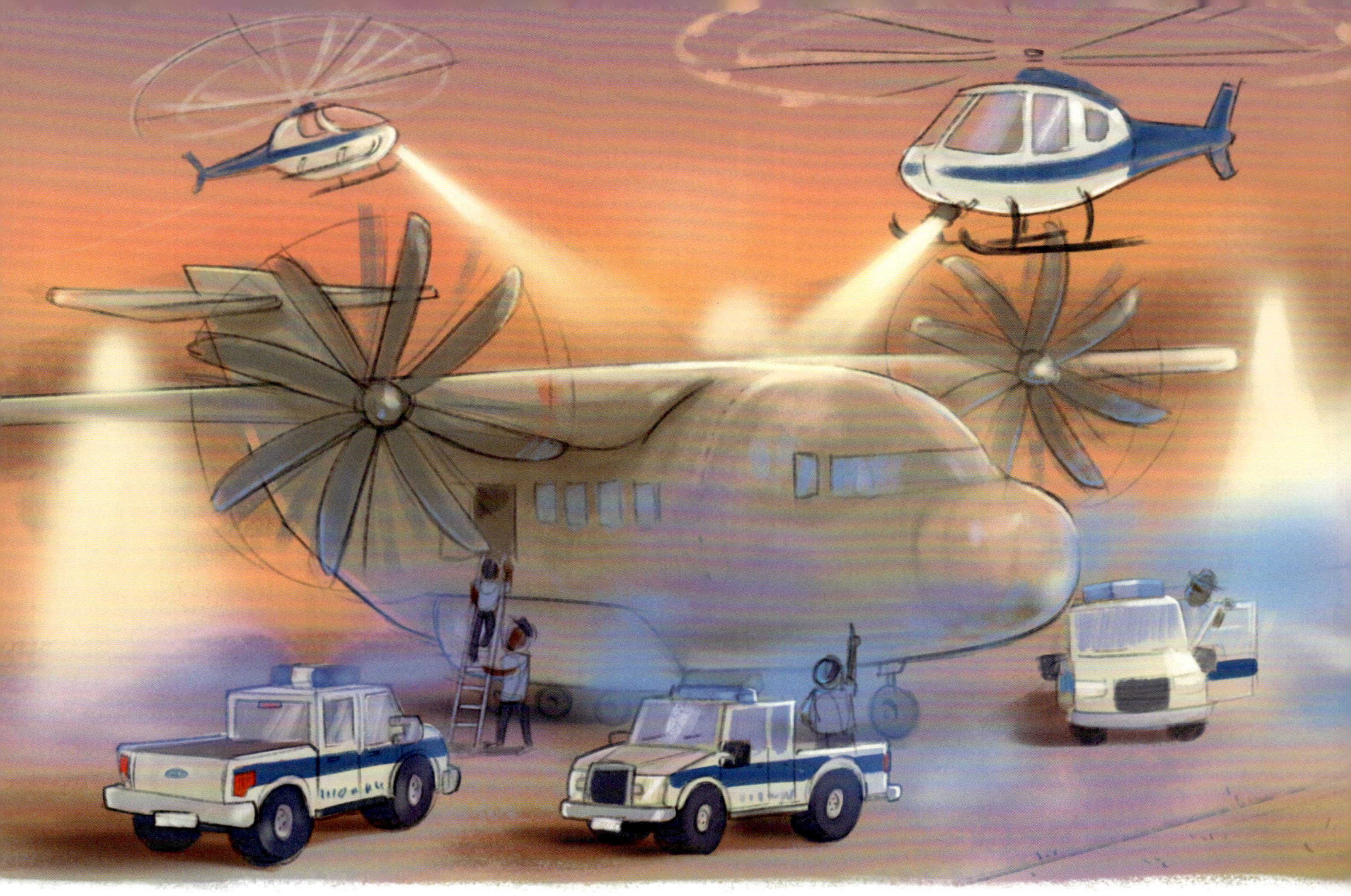

Line rief: „Wir müssen ihn aufhalten! Nicht nur, weil wir ihn hinter Schloss und Riegel bringen wollen. Wir haben gesehen, wie er noch schnell eine ganze Ladung Zebras an Bord seines Fliegers gebracht hat. Die müssen wir befreien!"

Die Freunde eilten zum Flugplatz, als plötzlich um sie herum aus allen Richtungen Sirenen aufheulten.

Blaulicht blinkte auf der Startbahn, als Polizeihubschrauber über das Transportflugzeug flogen und es am Start hinderten. Polizeiwagen rasten heran und umzingelten Sir Alex in seinem Flugzeug.

Aus einem Lautsprecher ertönte eine strenge Stimme: „ACHTUNG, ACHTUNG! STOPPEN SIE DIE MOTOREN DIESES FLUGZEUGES UND KOMMEN SIE MIT ERHOBENEN HÄNDEN HERAUS!"

B-OB fragte völlig verwirrt: „Die Polizei! Das ist ja wunderbar, aber woher wussten die denn, wohin sie kommen mussten?"

Bonty antwortete ihm: „Ich habe ihnen eine Nachricht geschrieben, als wir aus der Kalahari hierher geflogen sind. Auch wenn wir die besten Kinderdetektive Botswanas sind, bedeutet das ja nicht, dass wir alles alleine machen müssen."

Die Polizei machte kurzen Prozess mit den Großen Fünf und ihrem Kunden Sir Alex. Ranger-Einheiten kümmerten sich um die freigelassenen Tiere, so dass die Polizeibeamten sich voll auf die Verhaftung der Verbrecher konzentrieren konnten.

Die Chefin der Polizeieinheit kam auf die Hässlichen Fünf zu und gratulierte ihnen: „Das war fantastische Arbeit! Dank eurer Hilfe konnten wir die Großen Fünf endlich fassen. Ich werde mich dafür einsetzen, dass ihr zu Ehrenmitgliedern der botswanischen Polizei ernannt werdet! Wir können uns wirklich glücklich schätzen, dass so kluge und aufmerksame Kinder zu den Bürgern unseres Landes zählen."

Line, Benni und B-OB freuten sich sehr für ihre neuen Freunde, während Bonty und Thobo bei den Worten der Polizistin beinahe vor Stolz platzten.

## Ein ganz besonderes Abenteuer

Um nach der ganzen Aufregung etwas Ruhe zu finden, ließen sich B-OB und die Kinder am Fuß des namenlosen Hügels nieder, um den Sonnenuntergang zu genießen und die wilden Tiere zu beobachten.

Benni sagte: „Toll, dass die Polizei euch jetzt so ernst nimmt." Bonty seufzte zufrieden: „Ach, weißt du, das ist zwar wirklich toll, aber dieses Abenteuer mit euch hat mir gezeigt, dass es eigentlich egal ist, was einzelne Menschen von einem halten. Setshaba hat uns die Hässlichen Fünf getauft und die Polizei in Gaborone wollte uns die Ohren langziehen. Letztendlich ist mir aber klargeworden, dass es nicht darauf ankommt, ob man Kind ist oder Erwachsener, sondern auf die eigenen Taten und was man durch sie erreicht."

B-OB stimmte Bonty zu: „Ich finde, da hast du vollkommen recht. Und wenn man sich die Welt der Erwachsenen anschaut, die machen auch nicht alles immer richtig. Seht euch nur die Großen Fünf oder Sir Alex an."

Benni schaute vorbeiziehenden Giraffen hinterher und seufzte: „Das war wirklich ein ganz besonderes Abenteuer. So nahe an der echten Wildnis war ich noch nie. Ich werde Botswana sehr vermissen."

B-OB stimmte ihm zu: „Ja, dieses Land ist in vielerlei Hinsicht wirklich außergewöhnlich. Diese Nähe zu den wilden Tieren und völlig unberührter Natur erlebt man nur noch an ganz wenigen Orten der Welt."

„Na, noch seid ihr ja nicht weg!", warf Thobo ein. „Wir helfen doch noch, die Elefantenherde zu dem kleinen Baby nach Chobe zurückzubringen!"

Line, Benni und B-OB freuten sich auf den letzten Teil ihres Abenteuers und darüber, so tolle neue Freunde gefunden zu haben. Die „Hässlichen Fünf" lehnten sich zurück und genossen den Blick auf die nun wieder freien Tiere.

ENDE

# Weltenbummeln in Botswana

## Die Botswana-Reise von B-OB und den Weltenbummler Kids

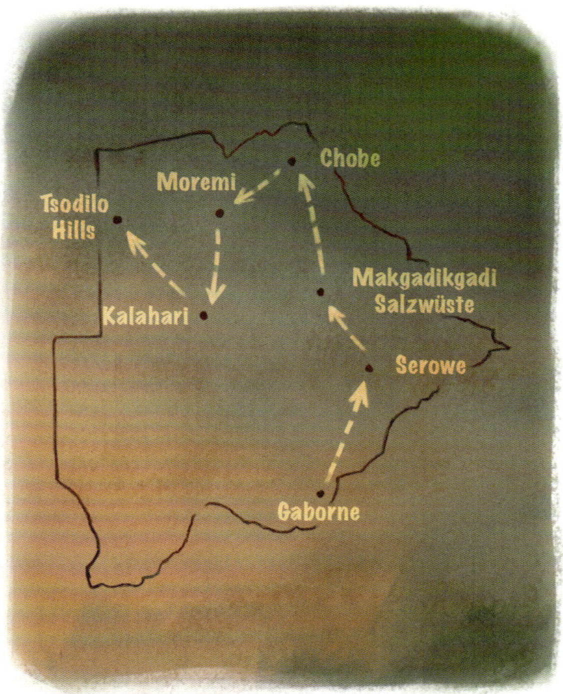


## Kleiner Setswana-Kurs

**Dumêla mma/rra** *[Dummella Mah/Rah]* = Hallo Frau/Mann
**Tsamaya sentle** = Auf Wiedersehen.
**Ee** *[ih]* / **Nnyaa** *[nja]* = Ja / Nein
**Kea leboga** = Danke
**Tsweetswee** *[Tswihtswih]* = Bitte

## Die drei wichtigsten Sätze auf einer Botswanareise:

**1 (bongwe) Leina la me ke...**
= 1 (Eins) Mein Name ist...

**2 (bobedi) Ke tshwerwe ke lenyora. Ke batla sene tsididi.**
= 2 (Zwei) Ich habe Durst. Ich hätte gerne eine Limonade.

**3 (bo rara) Ke bua Setswana go le gonnye.**
= 3 (Drei) Ich spreche ein wenig Setswana.

## Das ist für unsere drei Weltenbummler typisch für Botswana. Hast du noch Ideen?

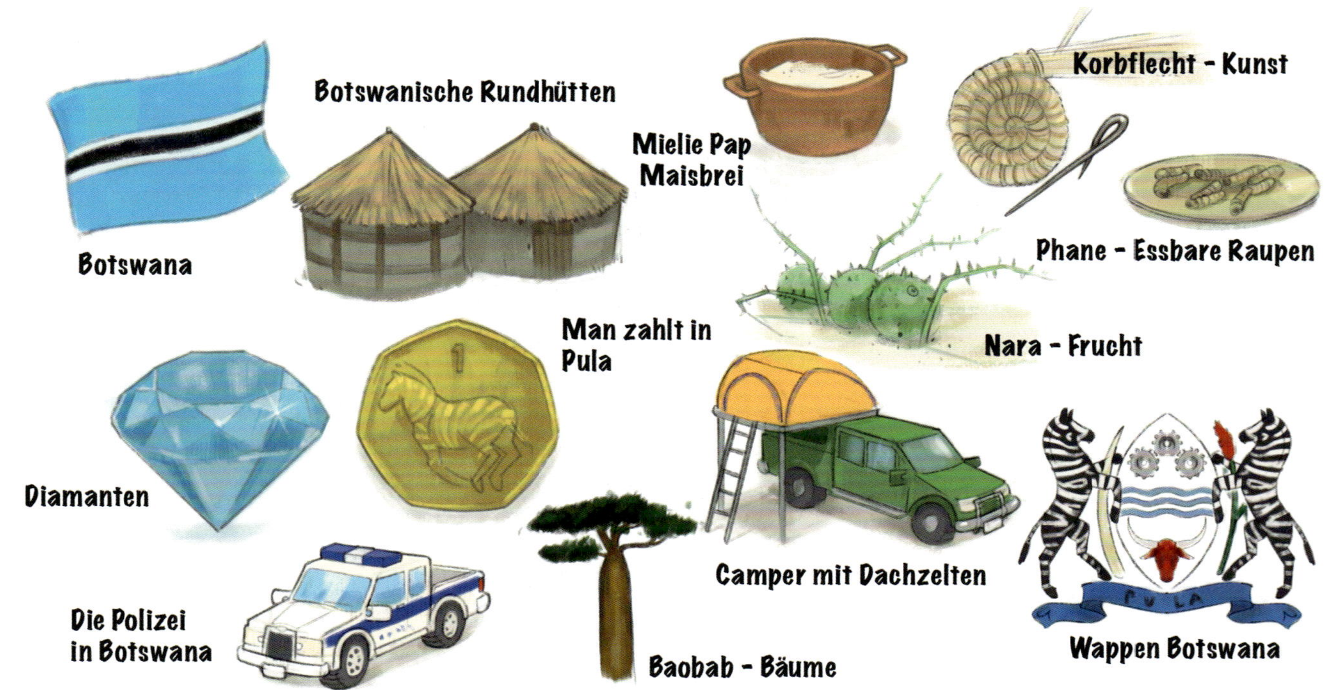

Liebe Eltern,

hoffentlich hat euch und euren Kindern das Vorlesen Spaß gemacht. Vielleicht habt ihr sogar das eine oder andere Neue über Botswana erfahren.

Die Handlung unserer Geschichte ist zwar inspiriert von unserer Reise, aber frei erfunden. Im wirklichen Leben kommen Kinder Raubtieren natürlich nie so nah wie in diesem Buch. Wilderei ist allerdings ein ernstes Problem in Botswana, denn durch sie gerät der Bestand vor allem von Elefanten und Nashörnern, aber auch anderer Tiere, mehr und mehr in Gefahr.

Auch wenn wir hier ein so ernstes Thema aufgreifen, möchten wir, dass Kinder durch unsere Abenteuergeschichten mit Spaß die Welt entdecken. Dafür nehmen wir uns ein paar kreative Freiheiten. Dabei passt dann eben auch mal ein Elefantenbaby in einen großen Korb.

Die Länder, über die wir schreiben, versuchen wir so zu beschreiben, wie wir sie bei unseren Besuchen wahrgenommen haben.

Danke, dass ihr uns auf unseren Reisen begleitet, und viel Spaß beim Coddiwompeln!

*Stephi & Ben*

## Was uns bei der Entwicklung unserer Geschichten wichtig ist:

### Abenteuerlust

Unsere Bücher sind unterhaltsame Abenteuer voller Spaß und Spannung. Sie sind KEINE pädagogischen Lernbücher und KEINE Reiseführer für Kinder. Egal, ob der Leser einen Bezug zu dem Land hat oder nicht, die Abenteuer sind für jeden geschrieben.

### Weltoffenheit

B-OB Coddiwomple und die Weltenbummler Kids bringen die Welt in alle Kinderzimmer. Durch kleine Details im Text und die Illustrationen erfahren Kinder und Eltern ganz nebenbei viel Spannendes über die verschiedenen Länder. Auf diese Weise entdecken sie gemeinsam die Welt.

### Optimismus

Unsere Bücher machen Spaß und bringen ihre Leser zum Schmunzeln. Egal wie aussichtslos die Situation erscheint, die drei Weltenbummler sehen das Positive und wissen, dass sie immer eine Lösung finden werden. Denn am Ende wird immer alles gut, sonst ist es nicht das Ende.

### Eltern-Kind-Zeit

Unsere Bücher sind Vorlesebücher mit vielen Bildern, denn sie sollen Eltern und Kinder gemeinsam in bekannte und fremde Welten eintauchen lassen. Dabei ist uns wichtig, dass sowohl Groß als auch Klein unsere Bücher lieben. Auch wenn sie in erster Linie für Kinder im Alter von 3-9 Jahren gedacht sind, sind sie somit im Grunde von 0-99 Jahren geeignet.

## Wer wir sind:

Wir sind Stephi und Ben, die Gründer vom Weltenbummler Kids & Company Verlag. Unsere große Leidenschaft ist das Reisen mit unseren drei Kindern - am liebsten in unserem B-OB, den es nämlich tatsächlich gibt.

Als klar wurde, dass wir wieder eine längere Reise machen und Berlin und unsere Jobs verlassen würden, dachten wir: ‚Jetzt oder nie!' Wir nutzten die Weltreise, um die Idee reifen zu lassen, und gründeten - zurück in Deutschland - kurzerhand einen Verlag. Ben schreibt die Bücher und Stephi entwickelt passend dazu Reisezubehör für kleine und große Weltenbummler.

## Wie alles begann:

Die Idee für die Buchreihe *„B-OB Coddiwomple und die Weltenbummler Kids"* entstand, als der beste Freund unserer Tochter Maya von Berlin nach Abu Dhabi zog, als sie 3 Jahre alt war. Sie hatte keinerlei Vorstellung davon, wo ihr Freund nun lebte.

Wir suchten nach passenden Kinderbüchern über fremde Länder, fanden aber keine. Am Ende saßen wir vor der Google Bildersuche und dachten, dass dies doch auch kindgerechter gehen müsste. Die Idee für eine Buchreihe mit einem Buch pro Land war geboren.

Natürlich haben wir unsere Freunde in Abu Dhabi besucht und, wie der Zufall es will, sind sie, genau als wir den Verlag gegründet haben, wieder ganz in unsere Nähe gezogen – dabei wohnen wir mittlerweile nicht mehr in Berlin, sondern im schönen Münsterland. Zufälle gibt es ...

### Ben Wallenborn - Autor

Ben war, um für dieses Buch zu recherchieren, zum ersten Mal in Botswana. Er hat die Zeit mit seiner Familie dort so sehr genossen, dass er am liebsten sofort zurückkehren würde. Er hofft, dass sich diese Freude auch in diesen Seiten wiederfindet.

### Filip Lazurowicz - Illustrator

Filip wohnt mit seiner lieben Frau Maja bei Kattowitz in Polen. Er hat seine Leidenschaft für das Malen schon früh entdeckt und liebt es, für Kinder zu illustrieren. Außerdem verbringt er gerne Zeit in der Natur und malt wunderschöne Landschaftsbilder.

# Danke!

... Stephi, dafür, dass du dich mit unserer Afrika-Reise durchgesetzt hast. Was für eine Erlebnis!

... Maya, Ella & Finn dafür, dass ich Afrika auch durch eure Kinderaugen erleben durfte.

... Mama & Papa dafür, dass ihr unser Projekt so unterstützt.

... Ulla & Werner für eure Unterstützung bei unseren Büchern und mit den Kindern.

... Filip, für die immer tollen Bilder, die unsere Reise wieder zum Leben erwecken.

... Maja, für deine Geduld und dass du Filips Zeit mit uns teilst.

... Wie immer Ulla, Nina, Peter und Gerd fürs geduldige Korrekturlesen.

... Caro, Cici, Jörg und Toni fürs Probelesen und eure wertvollen Kommentare.

... Bonty for a very inspiring afternoon in your garden and all your advice regarding the book.

... an die botswanische Botschaft in Deutschland, das Botswana Tourism Office und die Botswana Society in Gaborone für die Interviews und das geduldige Beantworten unserer vielen Fragen.

... unseren Instagram-Followern für eure Unterstützung und die vielen Vorbestellungen.

Apropos Instagram:

Unter **@weltenbummlerkids** geben wir auf Instagram jeden Sonntagabend Einblicke in unser Familien- und Arbeitsleben . Wir zeigen offen und ehrlich die Höhen und Tiefen der Verlagsführung mit drei kleinen Kindern. In den Ferien lassen wir uns für unsere Bücher inspirieren und posten tägliche „Mitreise-Stories".

WWW

Auf unserer Website **www.weltenbummlerkids.de** findest du den Shop für unsere Bücher und das Reisezubehör. Außerdem gibt es einen Blog mit Tipps zum Reisen mit Kindern.

Nordamerika
Südamerika
Af
Nie ohne Seife waschen
Ein Abenteuer in Deutschland
Kunst in Gefahr
Ein Abenteuer in Frankreich
Die sieben Gauchos
Ein Abenteuer in Argentinien
Band 1
Nie ohne Seife waschen
Ein Abenteuer in Deutschland
Band 4
Kunst in Gefahr
Ein Abenteuer in Frankreich
Band 3
Die sieben Gauchos
Ein Abenteuer in Argentinien